戦後のあだ花　カストリ雑誌

渡辺豪

三オブックス

目次

Contents

青春時代	〇七九
世界の女	〇八〇
千一夜	〇八一
天国	〇八二
ふれっしゅ	〇八三
ラブファン	〇八四
一流	〇八五
動く小説と実話	〇八六
オール大衆	〇八七
コーラス	〇八八
小説世界	〇八九
鏡	〇九〇
たのしみ	〇九一
読物と実話	〇九二
エンゲージ	〇九三
三道楽	〇九四
パッション	〇九五
モダン小説	〇九六
色道大鑑	〇九七
第一読物	〇九八
コラム カストリ雑誌と阿部定	〇九九
ものがたり昭和23年	一〇二
第4章 昭和24年〜	一〇三
抱擁	一〇四
夫婦雑誌	一〇六

シャンデリア	一〇八
文藝倶楽部	一〇九
怪奇実話	一一〇
社会探報	一一一
新猟奇苑	一一二
ブラック	一一三
好色文庫	一一四
情炎	一一五
オール夜話	一一六
ナイトクラブ	一一七
東京ローズ	一一八
ハロー	一一九
好色実話	一二〇
幸福の泉	一二一
赤裸々	一二二
東京クラブ	一二三
都会ロマン	一二四
妖奇読物	一二五
妖婦	一二六
愛慾奇譚	一二七
好色読本	一二八
情艶	一二九
情熱	一三〇
モデル	一三一
歓楽の泉	一三二
情話界	一三三
情話読物	一三四

新漫画	一三五
チャンス	一三六
裸女苑	一三七
実話東京	一三八
青春クラブ	一三九
青春実話	一四〇
耽奇	一四一
ピエロ	一四二
猟奇世界	一四三
肉体	一四四
読物サロン	一四五
夫婦と青春	一四六
ベラミ	一四七
ものがたり昭和24年	一四八
コラム カストリ雑誌の終焉	一五〇
第5章 カストリ雑誌小研究	一五一
統計でみるカストリ雑誌	一五二
戦後初の発禁処分『猟奇』2号	一五四
H大佐夫人	一五六
収録カストリ雑誌 書誌情報一覧	一六五
目次コレクション	一六九
参考文献一覧	一七三
いま、なぜカストリ雑誌なのか	一七四

はしがき

カストリ雑誌は、今から約70年前、太平洋戦争が終結してまもなく、それもわずか数年の間だけ発売されていた雑誌たちです。

ガード下には真っ赤な口紅を塗り、鮮やかな洋装に身を包むパンパンガール（街娼）が佇む時代、書店の店先に平積みされていたのは、艶めかしい肢体を拡げる女性が妖艶な微笑みを湛える原色のカストリ雑誌でした。

点描画のように、灰色の焼け跡に咲き乱れる原色。

発行されたカストリ雑誌のタイトル数は２０００とも４０００とも言われますが、混乱期の出版物ということもあって、正確にはいまだ分かっていません。

また、国会図書館を始めとした公共の図書館にもわずかしか所蔵されておらず、戦後雑誌史の空白です。

この本には、そんなカストリ雑誌の創刊号１１７冊を収録しています。

70年を経てもいまだに、この雑誌群は体系化されていないこともあって、「カストリ雑誌とはなにか？」と明確に定義することは難しいですが、Ｂ５サイズで本文32ページ前後が多く、見るからに薄っぺら、低質な紙に印刷されて活字もかすれがち、写真に至っては何が印刷されているのか判別できないものも珍しくありません。

主な内容は「性」。売らんかな主義のもと濫造され、決して性の扱いも高尚なものではなく、興味本位で扇情的かつ猟奇的、現代の視点から見れば誤った性知識のお手盛りばかり。

つまり、カタチもナカミも「粗悪なエロ雑誌」だったのです。

このカストリ雑誌の見方は少しずつ変わりつつあります。

例えば次のように紹介されることも多くなってきました。

——長い悪夢のような戦争が終わり、戦後に勝ち取った言論の自由や民主主義を背景に、戦中抑圧された大衆のエネルギーがカストリ雑誌を通じて吹き出してきた、戦後大衆文化の象徴——

このフレーズは誰にとっても耳に心地よいものですが、本当にそうでしょうか?

過去を懐古に押し込め、美しい言葉だけで装飾することは容易い、そのことを私たちは知っています。

同時に、美しく飾るだけでは、過去をさらに過去へと押し流し、〝戦後〟という言葉からは、手触りのない狭く固定されたイメージしか引き出せなくってしまうことも、私たちは知っているはずです。

つらい戦争がようやく終わり、手にした自由で大衆が夢中になったことの一つは、カストリ雑誌を濫造してお金儲けすることだった。そして読み手としての大衆——戦中は精神性を支えに生きることを強制されてきた——は「性」を通して肉体の歓び、引いては「生」を実感できた。

私はこの貪欲な生活力に、飾り立てた美辞麗句などよりも深い感動と、同時に戦争体験への哀憐を覚えます。

当時の日本人はカストリ雑誌を争って買い求め、貪るように読み、潤いを得ましたが、それはひとときの刹那的なものに過ぎず、次第に《欠乏》だけが募りました。

エロ雑誌ですら《欠乏》を招くのですから、当時の味も栄養価も酷い代用食だらけの食べもの、あり合わせでちぐはぐな衣服や靴、雨風も満足にしのげない住宅などが招く《欠乏》は、どれほどだったことでしょう。

現代人がカストリ雑誌を前にして、「昔の人はこれで満足できたとは、時代だね」と理解を示すのは、もちろん他意のない感想ですが、しかしそこには戦後との間に深い断絶が横たわっています。今が過去と地続きにあるとの感覚が芽生えたとき、初めて過去は活き活きと眼前に迫ってきます。

現代の日本人から見てカストリ雑誌が稚拙で粗悪に映るのと同じように、当時の日本人もカストリ雑誌で本質的に《充足》などしなかったのです。《充足》よりも《欠乏》の総量が多かったからこそ、より良い自分や、より良い社会への《渇望》が芽生え、やがては高度経済成長の原動力にもなったのだと私は考えます。

私がカストリ雑誌を取り巻いた当時の日本人に深い感動を覚えると述べたのは、上からの教条的な自由や民主主義ではなく、ともかくも生きるため売らんかなに徹した逞しさへ向けたものです。

同時に、戦後はこうした粗末な娯楽でしか「生」を確認できなかった事実への憐憫も忘れてはいけないものです。

自由と繁栄を希求し、復興に邁進した戦後の日本人。その一面は揺るぎません。

ただし、一面とは字のごとく面であり、オモテがあればウラもあります。

戦後70年を越えた今、時代のオモテしか理解できなくなってしまうのだとすれば、とても残念なことに思います。

同時に、これまであまり世に出ることがなかったカストリ雑誌が、私たちが持つ戦後の日本人像のオモテ以外を教えてくれるのではないか、そうした希望をこの本に感じています。

さて、この本にはカストリ雑誌１１７冊の表紙を収め、原色の表紙を存分に味わってもらおうとの趣向です。そのグラフィックデザインに心動かされた人も多いのではないでしょうか?

色数やインク代にも制約が多かった当時、インクを乗せない白抜きを女性のシルエットや横顔にしたデザイン処理など、浮世絵にも通じる江戸の遺風を伝えるデザインの感性を覚えることすらあるかもしれません。これもカストリ雑誌を眺めることで得られる愉しみの一つです。

こうしたグラフィックデザイナーの仕事に限らず、イラストレーター、ライター、カメラマン、エディターなどカストリ雑誌に関わった戦後のクリエイター・職人の多くは無名のままカストリ雑誌とともに忘れ去られていきました。

しかし、こうした市井の人々が持つ力強さこそ、今も私たちがカストリ雑誌に惹かれる一つの理由であり、いくら年月を経ようと変わることのないカストリ雑誌が持つ価値の大きな一つと信じます。

1946

第1章

昭和21年

カストリ雑誌の誕生

前年の8月15日正午、終戦の詔書の玉音放送が行われ、日本は敗戦国となった。そして昭和21年1月、『りべらる』が創刊される。その後の10月には『猟奇』が発行され、カストリ雑誌のブームが始まった。各地で警察署襲撃などの暴動事件が相次いでおり、まだまだ終戦直後の混乱期は続いていく。そんな世相の中、カストリ雑誌が産声を上げたのだ。それは、猥雑で露悪的ながらも、焼け跡から這い上がる大衆の力強さを示すものだった。

主な出来事

昭和天皇の人間宣言
『サザエさん』連載開始
日本国憲法公布

カストリ年表

昭和二十一年

1月	昭和天皇の人間宣言 GHQ、公娼廃止を日本政府に指令 警視庁、パンパンガール18名を初検挙 この頃、都内ヤミ市に店を構える露店が6万軒に達する 並木路子『リンゴの唄』レコード発売 初のキスシーン映画『ニコニコ大会 追ひつ追はれつ』(川島雄三監督)が公開
2月	昭和天皇、神奈川県を皮切りに以後2年間、各地巡幸 NHKでラジオ英会話講座「カムカム英語」がスタート
3月	DDT散布開始 GHQ、特殊慰安施設への立ち入りを禁止
4月	長谷川町子『サザエさん』が、夕刊フクニチで連載開始
5月	皇居前広場で25万人が終結、米よこせデモ 第1次吉田内閣が成立
6月	極東国際軍事裁判キーナン主席検事、天皇の戦争責任を免訴
7月	砂糖の代用品・ズルチンが販売開始(各種の毒性が判明し昭和44年に使用禁止)
8月	買い出しの女性を毒牙にかけた連続強姦殺人犯・小平義雄、逮捕
10月	ハウツーセックス本『完全なる結婚』が発売、ベストセラーに
11月	日本国憲法、公布 次官会議、買売春を社会上やむを得ない悪として赤線を認める
12月	シベリア引揚第1船が舞鶴に入港

昭和21年の物価

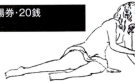

映画館入場料・3円(3月)、4円50銭(5月)／駅弁(幕の内)・2円／国鉄入場券・20銭
週刊朝日・1円(3月)、1円50銭(12月)

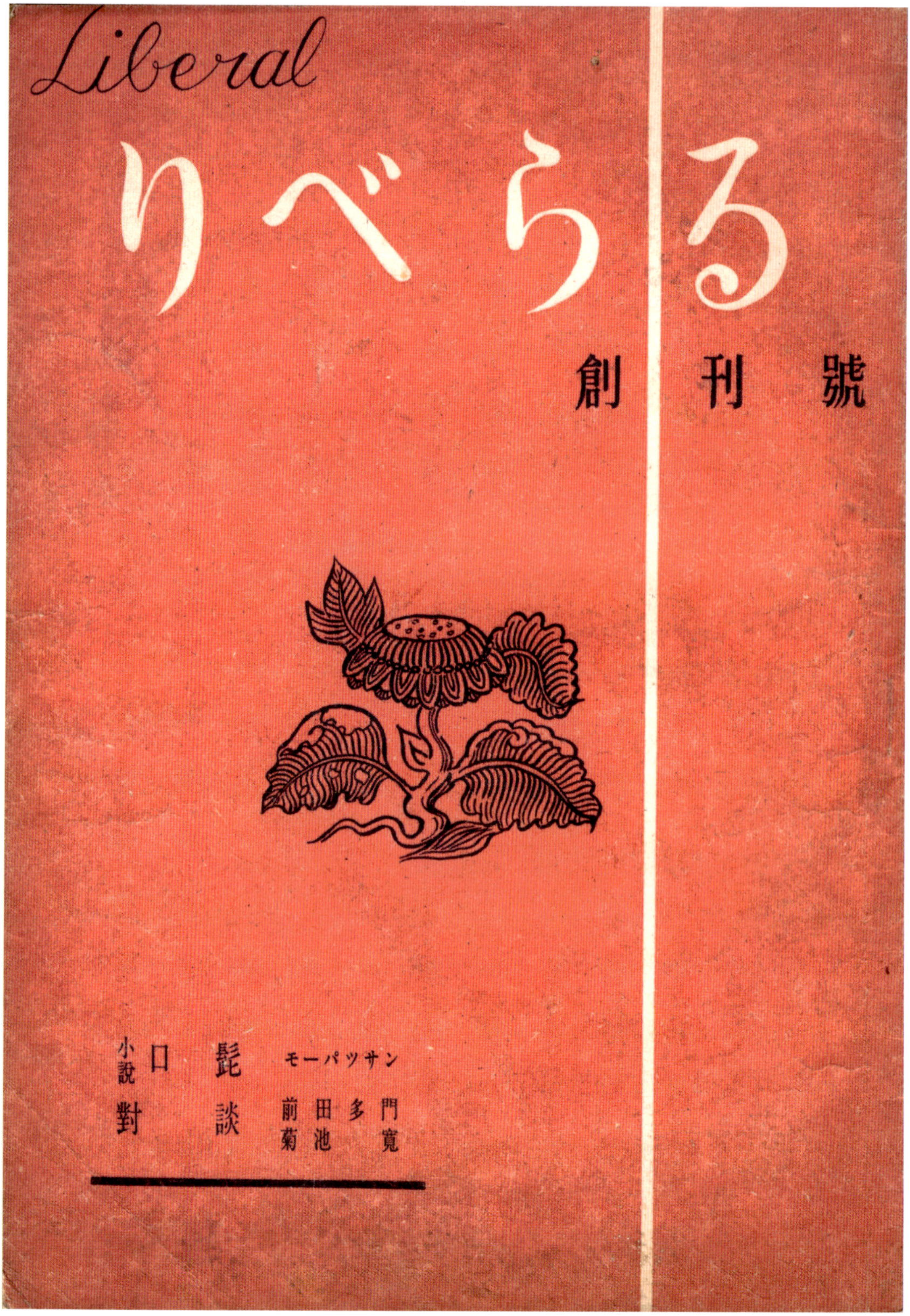

＜＜＜＜＜ りべらる ＞＞＞＞＞

昭和21年1月発行／38頁／1円20銭
太虚堂書房
※頁数は表紙（表1～表4）を含む。以下同

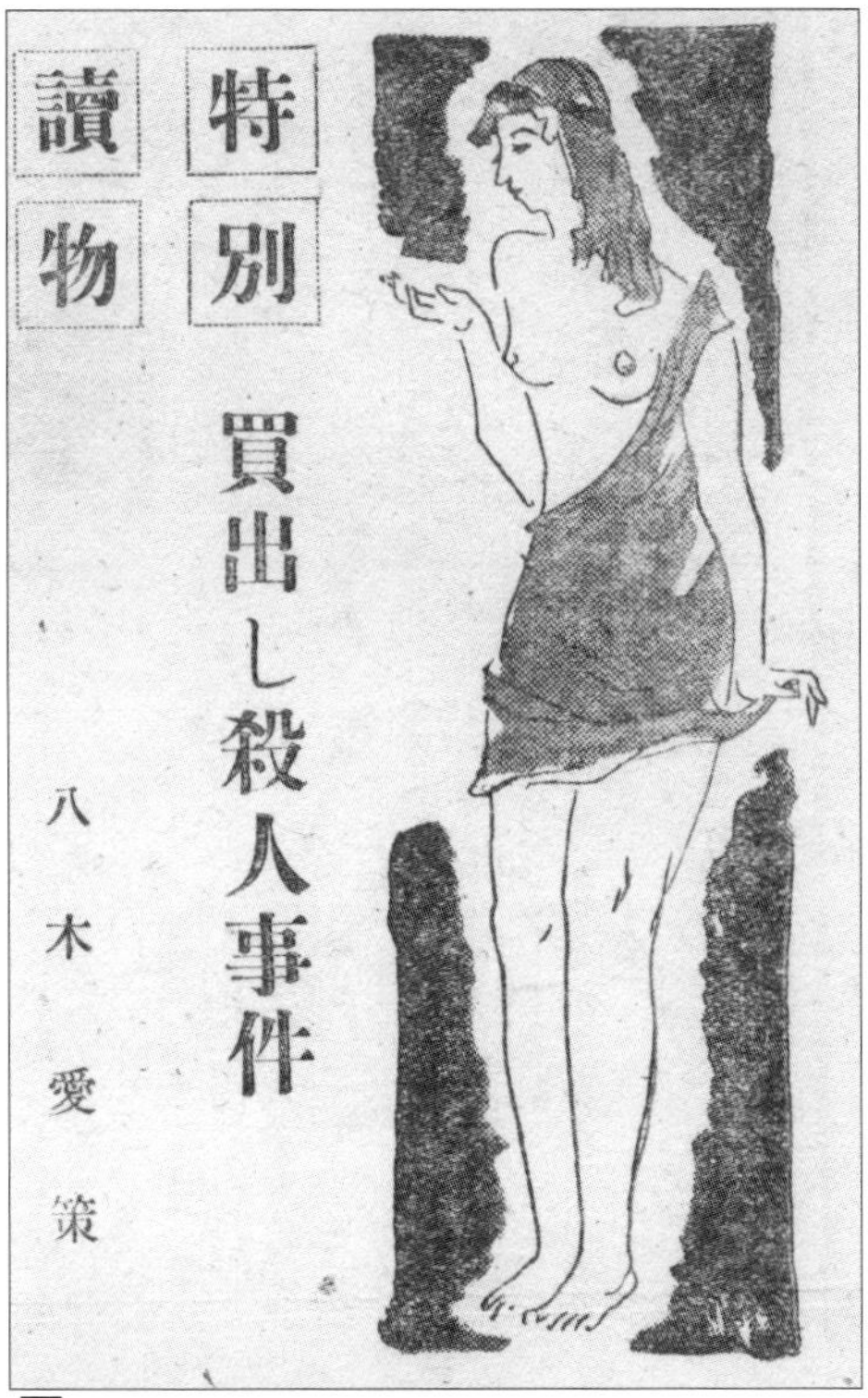

1

2

菊池寛が雑誌タイトルの命名に助言

敗戦から5ヵ月後に創刊された本誌が本来の意味でカストリ雑誌かどうかについては今も議論が尽くされていないが、本誌が一般大衆に歓迎されたことは確かだった。

昭和20年10月に新聞事業令が廃止されるなど、戦前からの言論統制が（GHQの統治を邪魔しない限りにおいて、という制限つきながらも）解放されると、にわかに出版業が沸き立ち、本誌を創刊した太虚堂書房も商機を逃さず、創刊号1万部を売り尽くした。

創刊にあたり「リベラル」「アメリカ」「えんじぇる」のタイトル案を用意していたが、菊池寛に助言を求めたところ、即座に「リベラル」を良しとし、さらに平仮名に改めるべしと加えた。

創刊号巻頭では舟橋聖一が「終戦以来、文章がどうも自分のものにならない。書くことがあまりにも多すぎて」と戸惑いを隠さず、同じく扉に小文を寄せた武者小路実篤は「この十年位の間、自由と言う言葉は、悪いものにあつかわれ（中略）て来た。（中略）ところが戦争に負けて見て、我等は目がさめたのだ。急に籠から出された鳥のやうに、どこに飛んでいったらいいのかわからないような気がしている。（中略）自分のしたいことをすればいいのだ。（中略）つまり他人の意志によらず、自分の意志で行動すればいいのである」と綴った。

空っぽの身体に、あり合わせの食べ物の他は何を詰め込むべきなのか。それが「自由」だとすれば、自由とは何か？　カストリ雑誌は模索していた。

3

4

1買い出しの女性を狙った事件小説。この7ヵ月後に小平事件が発覚　2映画スターのキス演技評。戦前はキスも発禁の対象だった　3挨拶のキスではなく、愛撫としてのキス　4女優バーバラ・スタンウィック。戦後、米国映画の輸入が再開された。映画評論家・筈見恒夫が執筆

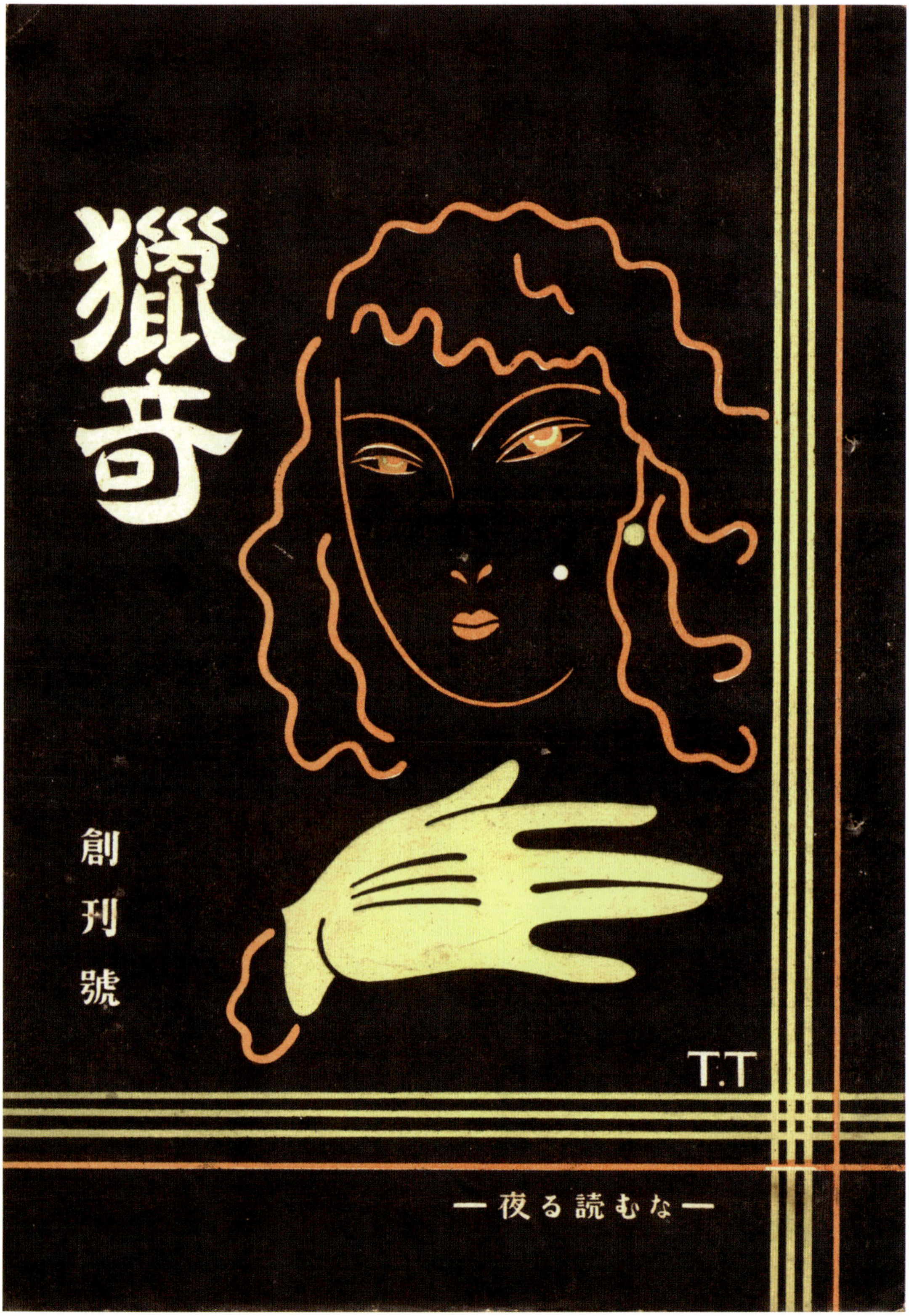

<<<<<　猟奇　>>>>>

昭和21年10月発行／52頁／20円
表紙装画・田口泰三／茜書房

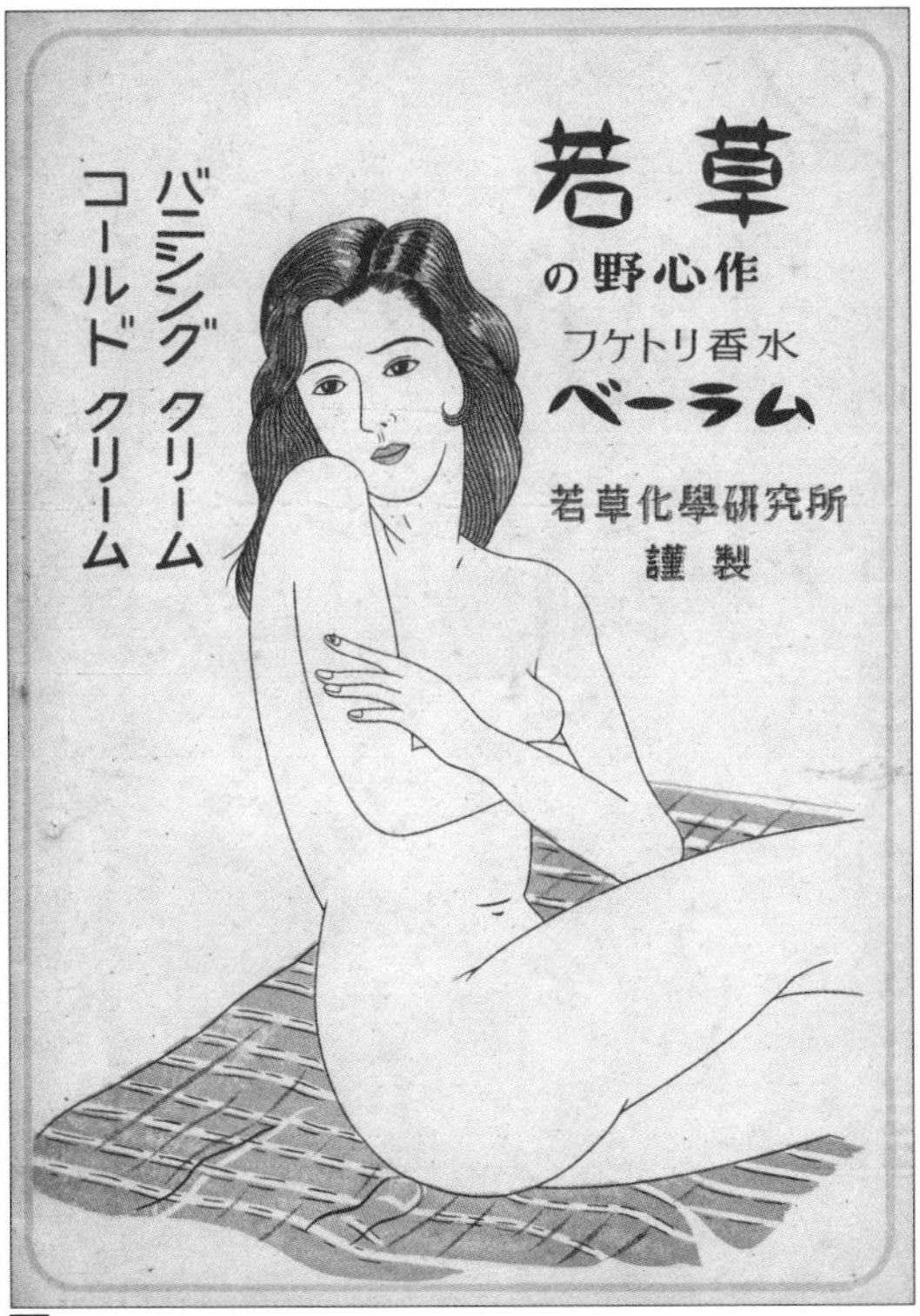

1

2

カストリ雑誌流行の火付け役

敗戦から1年2ヵ月後、昭和21年10月に発行された『猟奇』は、その後のカストリ雑誌ブームを決定づける存在となった。

「蒸される様な情痴のるつぼに――妖しげにみだれ咲く猟奇の華々……」

発行の3ヵ月前にこうした宣伝文句で登場した本誌は、当初は店頭販売をせず会員制の販売を目論み、月会費10円で頒布会員を募ったところ、代金前払いにもかかわらず、またたくまに1万人の会員を集めた。

会員用の1万部に加えてさらに1万部、計2万部を印刷したが、地方から上京していた書店主たちが飛びつき、発売当日わずか2時間ですべてを売り尽くした。

続いて同年12月発行の2号に掲載された小説「H大佐夫人」が戦後初の発禁処分（刑法175条の適用）を受けたことも、本誌の〝名声〟をさらに高めることになった。

創刊号の表紙は、手袋を嵌めた女性の線画という極めてシンプルなものだが、コピー「夜る読むな」と相まって、妙に劣情をそそるもの。その創刊号に添えられた創刊の辞を抜粋すると「平和国家建設のために心身共に、疲れ切った、午睡の一刻に、興味本位に読捨て下されば幸いです」と、いたって低姿勢だが、「興味本位」に性知識を弄ぶ雑誌というカストリ雑誌の原型を形づくることになった。

3

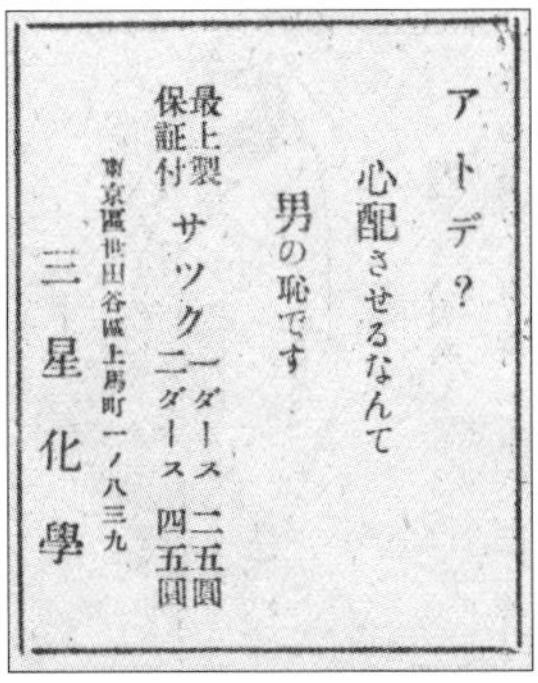

4

1 月桂樹（Bay）の葉をラム酒（Rum）に漬けた香水ベーラムの広告も色っぽい 2 両性具有の髪結夫婦を描いた読み物 3 人の肝臓に含まれるとされる薬効を求めて殺人を犯した犯罪実話に添えられた挿絵 4 コンドームの広告。同時期の物価に照らすと、さほど高価な物ではない

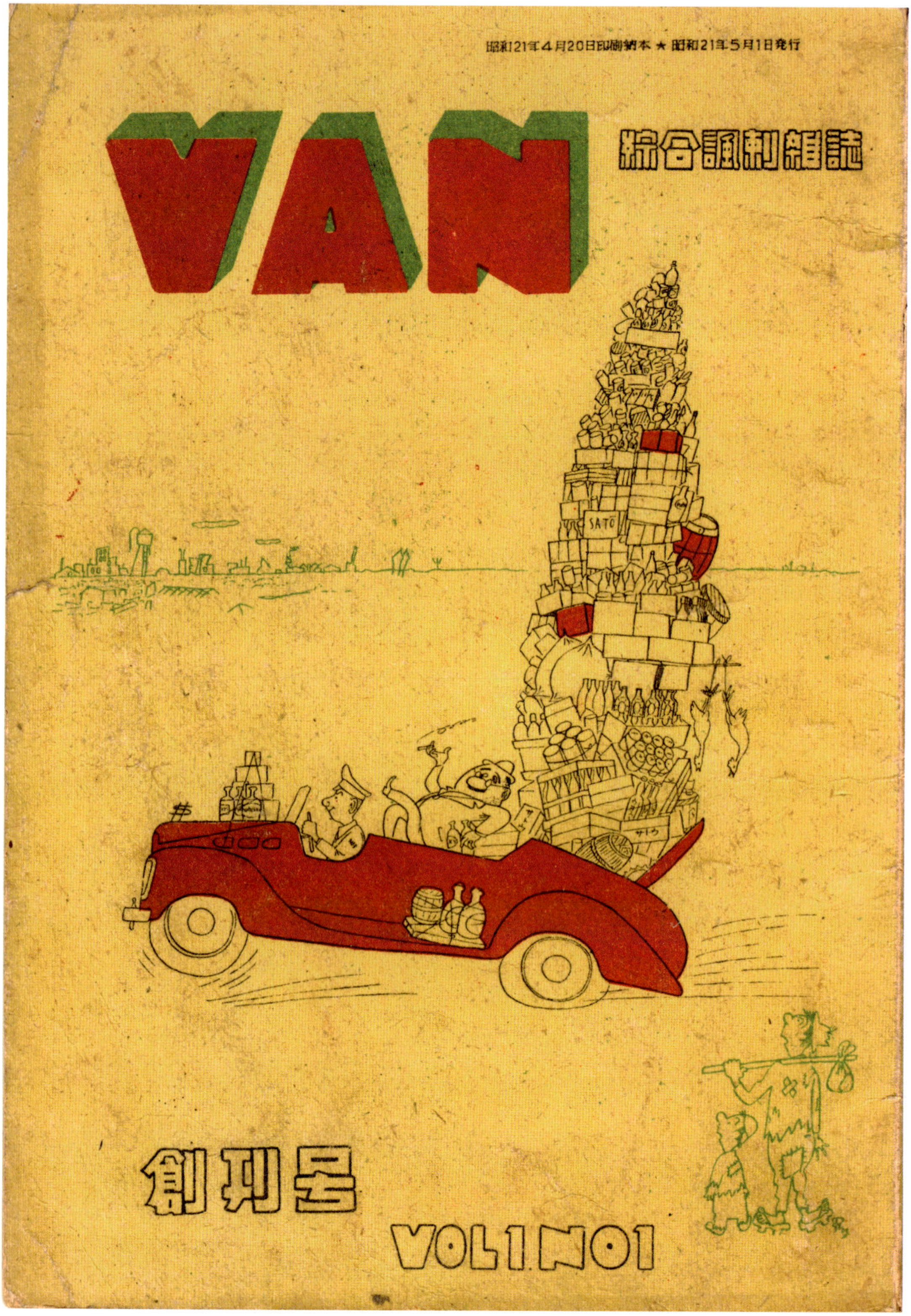

<<<<< VAN >>>>>

昭和21年5月／56頁／3円50銭
イヴニングスター社

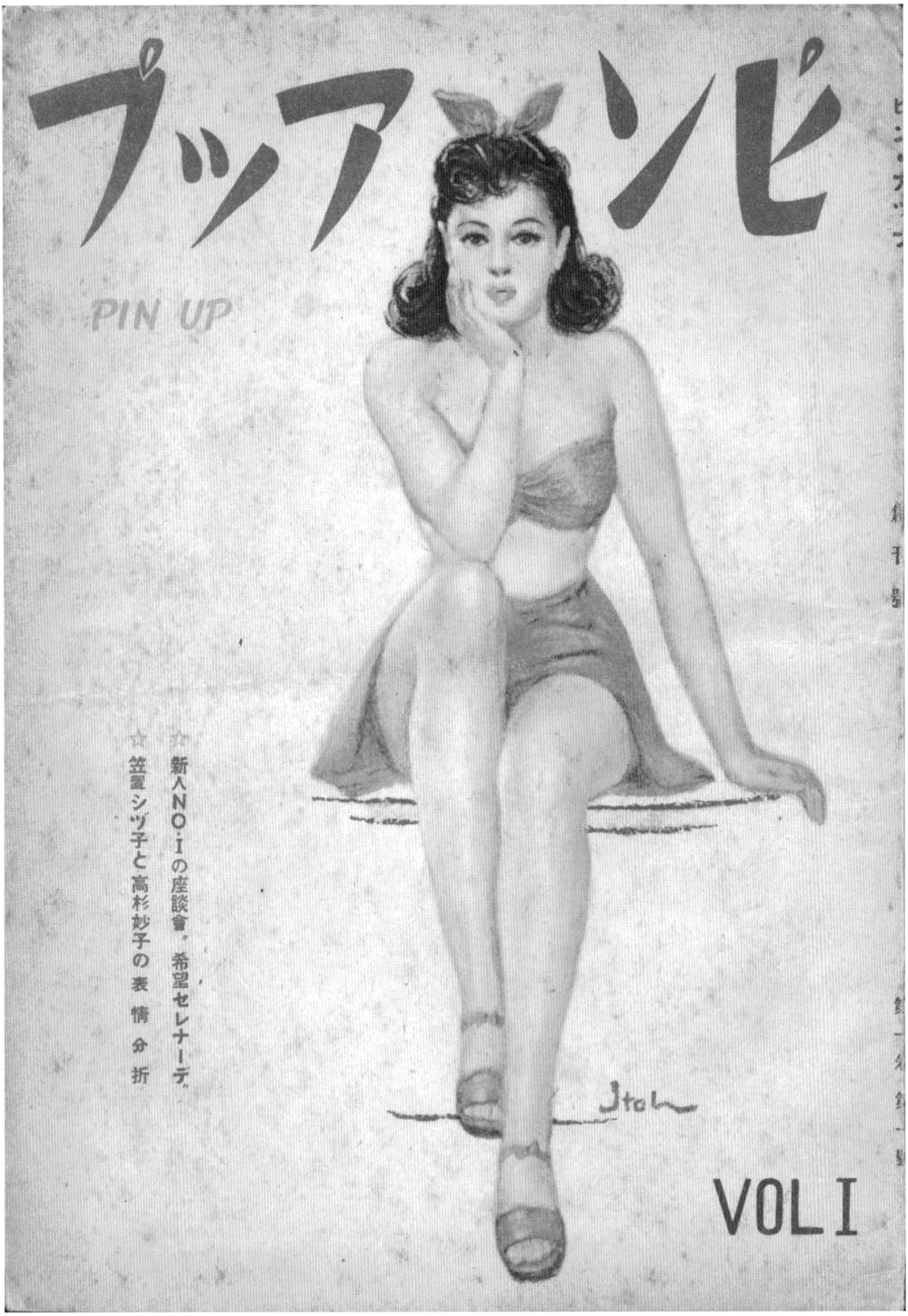

<<<<< ピンアップ >>>>>

昭和21年8月／48頁／5円
表紙装画・伊藤龍雄／国際文化興業社

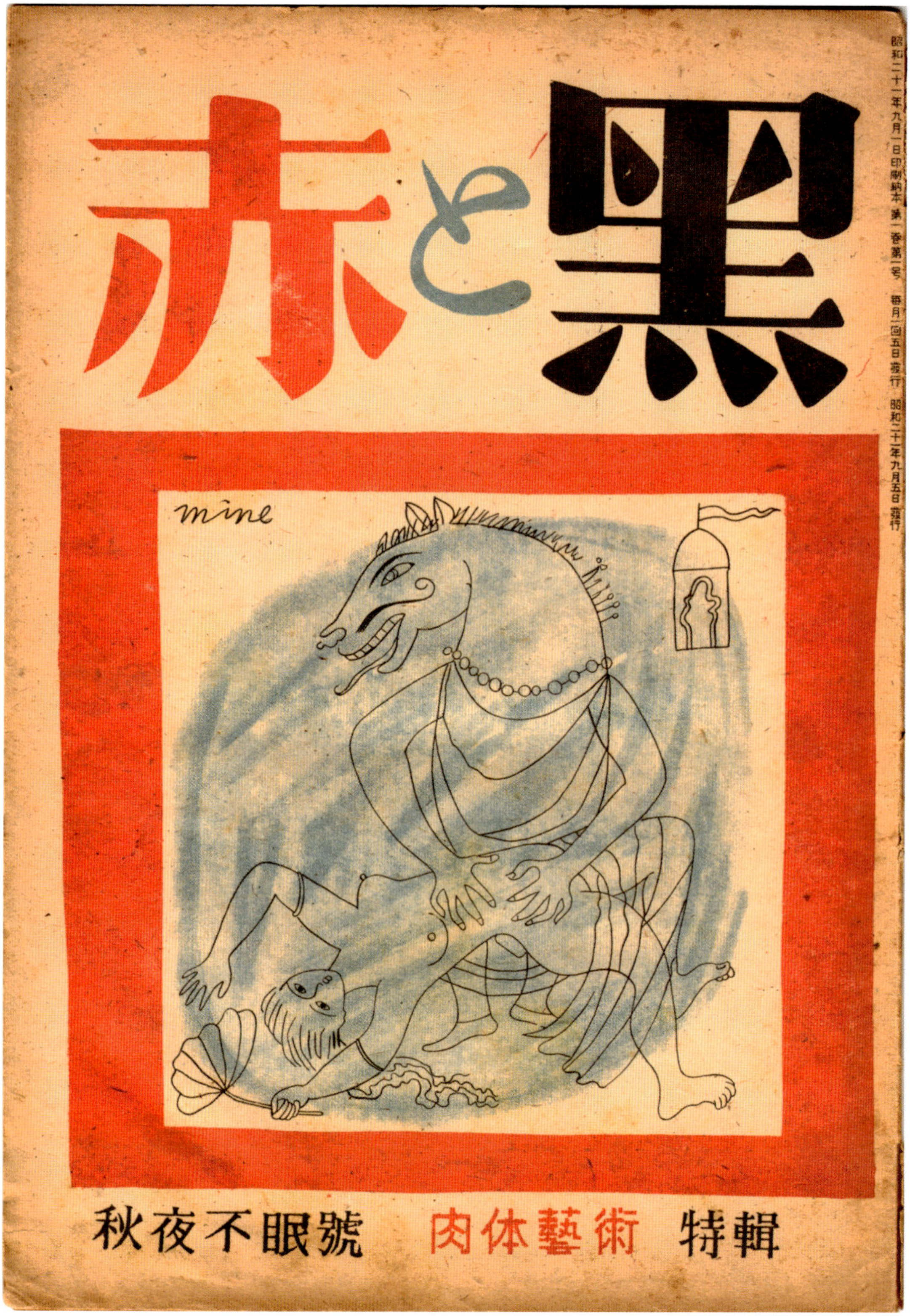

<<<<<< **赤と黒** >>>>>>

昭和21年9月発行／52頁／30円
表紙装画・峯岸義一／リファイン社

カストリ雑誌ことはじめ

――カストリ雑誌とは何か?

これを定義することは難しい。商業出版物やインターネット上の紹介文は以下に代表される。

> 昭和21年から24年にかけて盛んに発行されていた大衆娯楽誌。表紙は妖艶な女性やヌード、中身は扇情的な性風俗を売りにした読物・実話・グラビアなど。印刷用紙が統制されていた当時、統制外にある仙花紙(古紙の一種。仙貨紙、泉貨紙とも)に印刷された不鮮明な誌面。判型はB5サイズ、40ページ前後の粗末な造本。焼跡に急拵えされたヤミ市に敷かれたゴザの上で売られていた。
>
> 数え切れないほど創刊されたが、興味本位の軽薄な内容が祟って創刊から3号も重ねず廃刊しまうことから、ヤミ市に出回っていた粗悪な密造カストリ酒は悪酔いした末に3合(号)も飲めば潰れてしまうことに喩えて、「カストリ雑誌」と名付けられたのが語源。
>
> 戦後に言論統制が解けた途端に抑圧されてきた活字への渇望が大衆的なメディアを通じてマグマのように噴き出した戦後のシンボル的な存在――。

これらの各要素には、明らかな誤りか、根拠不足、あるいは書き手が大げさに着飾らせた美辞麗句が含まれている。

紙質がその後の用紙に比して劣っていたには違いないが、むしろ初期のカストリ雑誌の方が、仙花紙に比べて品質の良い更紙(ザラ紙)を用いていた。軍需品として軍関係が隠匿していた更紙や、本土決戦に備えて全国各地に分散貯蔵してあった更紙が、戦後にヤミ市場を通じて出版社・印刷所へ流れたためである。カストリ雑誌は仙花紙とは限らない。

ゴザの上にところ狭しと並べたカストリ雑誌。これは大変に画になる。しかし、これも誤りである。戦中に設立され、出版流通を独占する国策企業であった取次(出版業界の問屋のこと)である日本出版配給株式会社(日配)が昭和24年、GHQによって戦争協力の廉《かど》で閉鎖機関に指定される。日配が負債を棚上げしたことから多くの出版社が倒産し、ましてカストリ雑誌社といった零細出版社は抗うことなどできず、在庫品がゾッキ本市場、つまり露店へと流れた。それ以前は書店の書架に並べられていたのであって、画になる「ゴザに並べたカストリ雑誌」の組み合わせは、日配閉鎖後の現象である。

3号で潰れる。これもおかしい。内容がどれほど低俗・粗悪であっても、爆発的に売れていたのだから、創刊間もなくして経済的な理由で潰れることは有り得ない。むしろ警察の目から行方をくらますため、出版社が敢えて自ら廃刊させていたのだと考える方が自然である。

実は警視庁も先刻承知しており、通達文『猥褻出版物取締に就て』では、「創刊号においては読者の獲得と宣伝の効果を狙って猥褻な記事を掲載する」出版社が多いと指摘している。読者も創刊号ならではの刺激の強さを期待していたのだろう。

3号で廃刊にし、改題して復刊するのは、むしろ出版社の戦略だった。

カストリ雑誌の総体は、戦後70年余を経ながら未だに整理されていない。冒頭、「カストリ雑誌の定義は難しい」と述べたのは、〝戦後雑誌史の空白地帯〟ともいうべき存在だからである。

ものがたり
昭和21年

終戦直後の焼け野原、復員も始まったばかり。高橋きんは、掘っ立て小屋でうどん屋をいとなみ、糊口をしのいでいた。

作　對間じん

――椋鳥《むくどり》の鳴き声が聞こえた。

世界がくすんでいる。

太陽が沈むと夜がやってきて、世界は暗くなる。人間は暗がりの中で寒さと飢えをしのぐ為、動き出す。

卯月とはいえまだ冷えこむ。高橋きんは冷えこんだ小屋の中で新聞紙を取り出した。燐寸の頭を擦ってつけた火を右手で囲みながら新聞紙に火をつける。新聞紙にはクラーク・ゲーブル主演の映画の広告がある。きんはふと思った。

――「昔」だ。

燐寸から新聞紙に燃えうつった火はクラーク・ゲーブルの顔を燃やしはじめた。まつぼっくりを火の中に投じる。「松はよく燃える」そう叔父の仁《ひとし》が教えてくれた。

まつぼっくりが燃えている上に松の木をくべてゆく。

火が安定した頃に鼎《かなえ》をしいて、その上に寸胴鍋を置く。

竹に入れておいた水を鍋にはり湯が沸くのを待つ。

「あねさん、火ぃ借りてもいいかぁ?」

焚火屋《たきびや》の清《きよし》だ。焚き火で暖をとるのを生業にしている商いを焚火屋という。まだ十代であろうが垢の黒さできんには清の年齢がよくわからない。清は小銭をきんに渡した。

「――ちょっと待ってなさいな。」

きんは小銭を受け取りながらを火を大きくする為に団扇で風を送る。火を見ながら、きんは「昔」を思い出す。

――生きていた。

鼓動が早まり、黒い、とても黒い想像が広がる。――それは考えてはいけないものだ…、きんはわかっていた。ただ、たまにやってくるのだ、きんにも制御できない、とても黒いなにかが。

一年程前。きんは赤羽の義母の辰《たつ》の家に配給品を分けにいった。少しの米と砂糖だ。砂糖がニチャニチャしたが深くは考えなかった。辰と南方に行っている夫の繁《しげる》の話をしていた時だった。外からドーンと大きな音が聞こえた。音が続く。きんが慌てて外に出ると火柱がたっていた。義母を助けようと家に戻ろうとした瞬間、爆音と共にきんは吹っ飛ばされた。少しの間、気絶していた。顔をあげると家がなくなっていた。辺りが燃えている。――そして、道に腕が転がっていた。きんは半狂乱で逃げた。焦げた死体、体に火がつき転げ回る男…気がつくと丘の上で燃える町を見ていた。身体中が煤で真っ黒だった。

「あねさん!」

きよしに呼ばれきんは我にかえった。生返事を返し籠の中の饂飩《うどん》を寸胴鍋に入れる。饂飩といっても魚と大麦を練った代用饂飩だ。

かけた器に湯をはり少しの塩を入れゆだった饂飩を入れる。

「食べてきなさいな」

清にそう言った。清は真っ黒の顔でにっと笑うと店の中に駆け込んできた。

店といっても小さな掘っ立て小屋だ。饂飩に家の近くでとれたノビルを入れてやる。

清は音を立てて饂飩を啜りはじめた。

きんは小屋の外に出て「うどん」と書いてある看板をかけた。

――風がふいた。

きんは背中を丸めて再び小屋の中に入っていった。

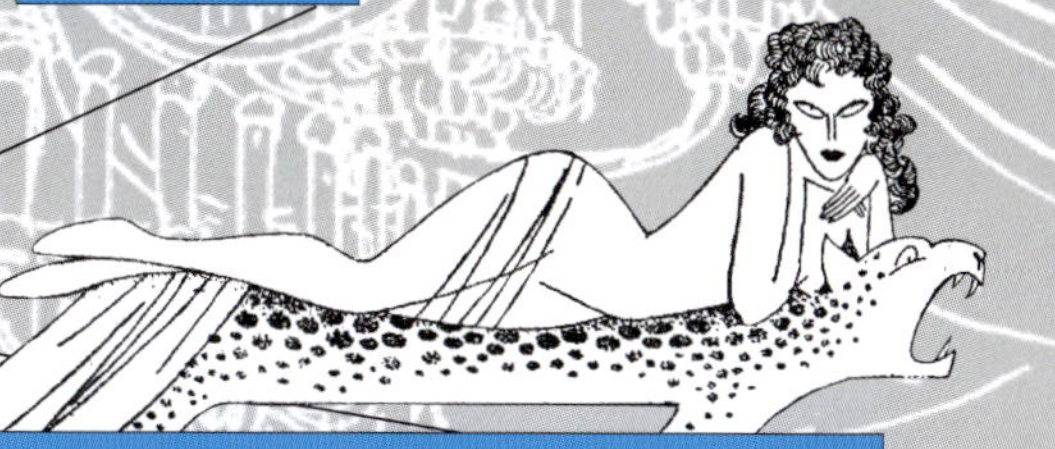

1947

第2章 昭和22年

加速する猥雑と倒錯

低俗で低品質、でっち上げだらけのニセモノで、興味本位のエロとグロを売りにするカストリ雑誌たち。前年に創刊された『猟奇』が戦後初の猥褻摘発を受けるも、その勢いはいや増していく。肌もあらわな女性の肢体がカラフルに描かれた扇情的な表紙。強姦殺人など凄惨な事件を無責任に書き立てる犯罪モノ記事。そしてこの年から、焼け跡からの復興と民衆にみなぎりゆくエネルギーを表すように、第一次ベビーブームが始まっている。

主な出来事

『猟奇』2号の発禁処分
日本国憲法の施行
第1次ベビーブーム開始

カストリ年表

昭和二十二年

1月 カストリ雑誌『猟奇』2号が、戦後初の発禁（刑法175条適用）となる
日本初のヌードショー（額縁ショー）が新宿帝都座で上演
作家・織田作之助没
箱根駅伝が再開
学校給食が再開

2月 八高線の買い出し列車が転覆、184名死亡

3月 国鳥にキジが選定

4月 有楽町の街娼、ラクチョウお時がNHKのラジオ番組に録音出演
この時期の街娼6大都市で4万人と推定

5月 日本国憲法、施行
最高裁判所、検察庁などが発足
石橋湛山蔵相の公職追放
第1次吉田内閣総辞職

6月 関東組、尾津喜之助逮捕さる
連続強姦殺人犯・小平義雄に死刑判決

7月 読売ジャイアンツ、黒沢俊夫の4・沢村栄治の14が永久欠番に

8月 第一回都営住宅の抽選、倍率約160倍
田村泰次郎『肉体の門』発売47円

9月 カスリーン台風襲来、死者1,077名

10月 戦後初の国勢調査、日本の総人口7,810万人
不敬罪、姦通罪廃止
闇食糧を拒否した山口良忠判事、餓死
復員庁が廃止

12月 笠置シズ子『東京ブギウギ』ヒット
この年から第1次ベビーブーム開始

昭和22年の物価

映画館入場料・20円（9月）／駅弁（幕の内）・10円／銀行員初任給・220円
国鉄入場券・1円（7月）／週刊朝日・3円50銭（2月）、8円（11月）

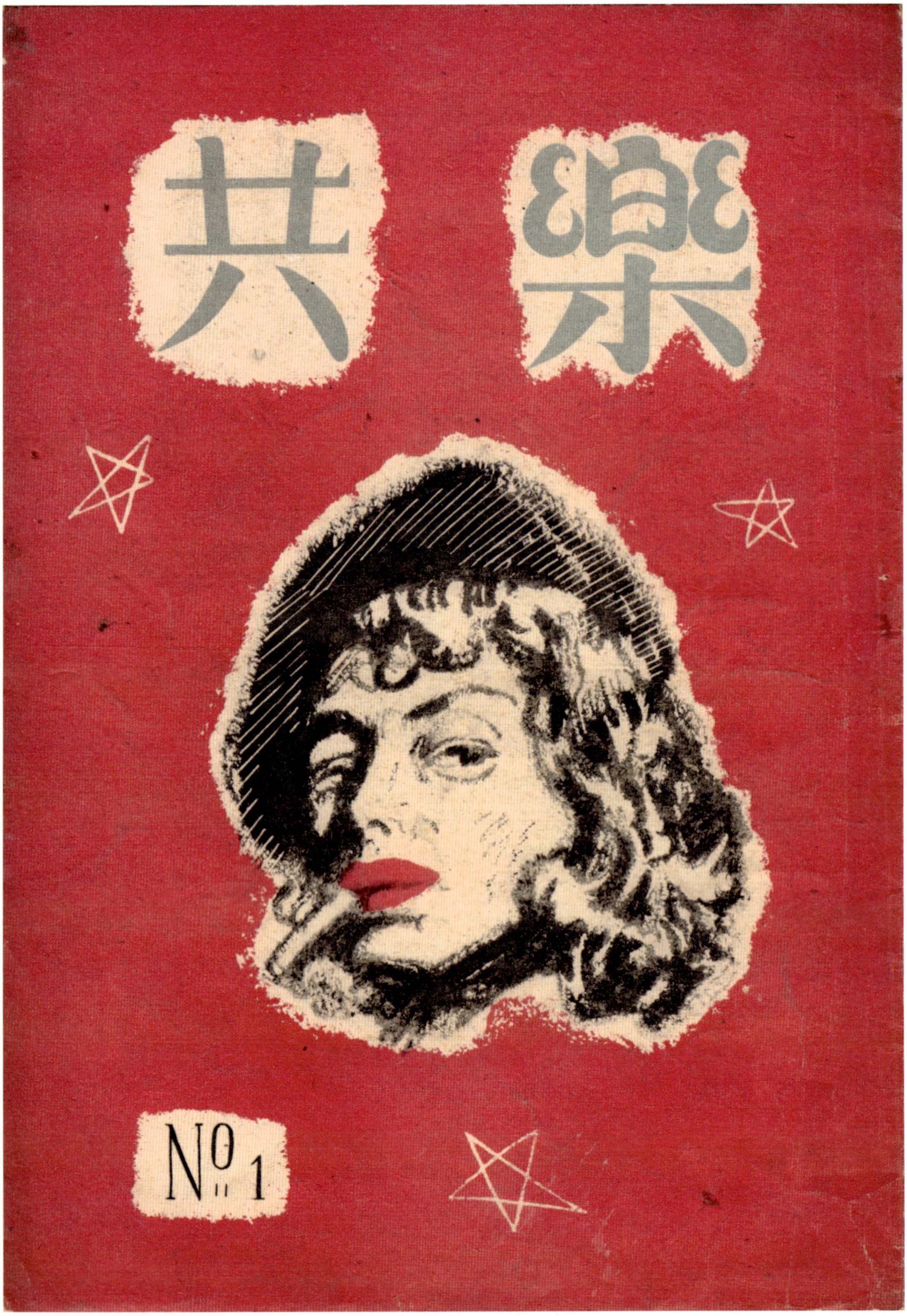

<<<<<　共楽　>>>>>

昭和22年７月発行／36頁／20円
蓬書房

1

2

エロティックな記事で何度も発禁処分に

「『世の中で寝る程楽な事は無い。浮世の馬鹿は起きて働け』と昔の非常に偉い人は言ったそうだが、寝て暮らす程国家は豊かではない。我々の双肩には平和国家再建の責任がある。そして建設の為に疲れた身体を癒す時、何を求めるだろう。酒は高い、甘い物も少ない、果実などとても手が出ない、とすると、何を求め、何に頼るのだろう、結局、一番手の出し易いのは書籍ではないだろうか――」

巻頭でこうした創刊の辞を述べた本誌の価格は20円。同時期の『週刊朝日』が5円、映画館入場料20円であることからすると、現代の価値に換算すると2000円前後だろうか。創刊の辞で謳うほど、「手の出し易い」価格には思えないが、それだけ現代におけるエロの価値が下がったとも取れる。

創刊号の記事「玩具」では、エロティックな郷土玩具を紹介。こけしといった誰でも知るものから、「松茸おかめ」という珍しいものまで、伝承されてきた全国のエロ玩具を解説している。

カストリ雑誌に〝発禁打率〟なるものがあるとすれば、恐らく最高記録を樹立したのが本誌。6号まで発行し、うち1、2、4号が摘発され、打率5割の大記録を樹立している。

3

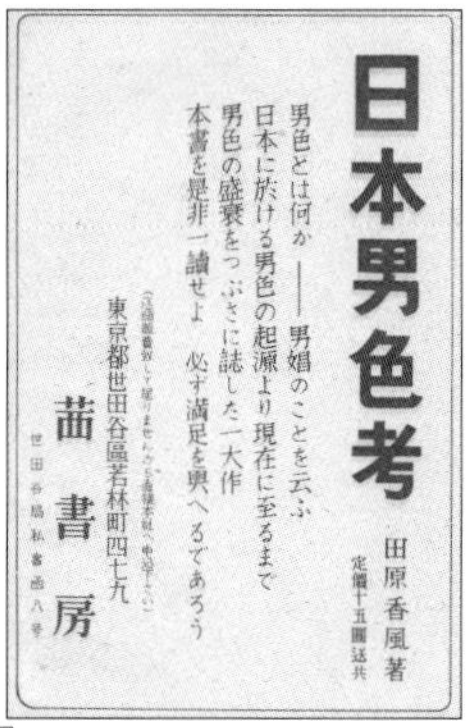

4

1目次の挿絵。作者不明。米国から輸入された雑本から盗用するのはカストリ雑誌の常套手段　2本文とは関係なく煽情的な挿画が入るのもカストリ雑誌の常　3「日本男色考」を発行する茜書房は『猟奇』の出版社である　4性病予防と産児制限を謳うコンドームの広告。発売元の友交社と本誌出版社の住所は同一である

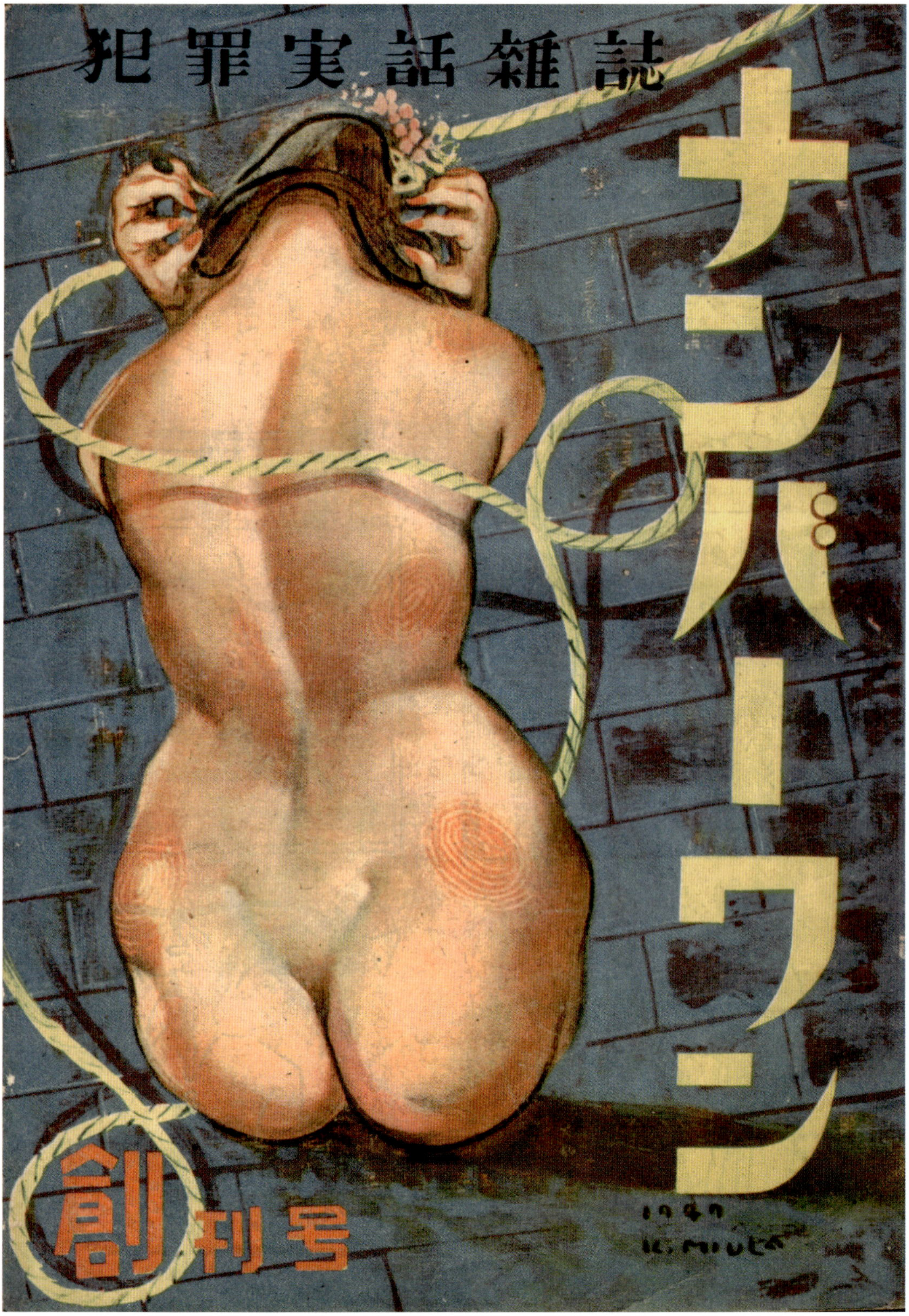

<<<<<　ナンバーワン　>>>>>

昭和22年9月発行／36頁／20円
表紙装画・三浦勝治／ナンバーワン社

1

2

レザンファン・テリブル

大衆が活字に飢えていた時代、薄く安っぽい造本で1万部2万部とすぐに売り捌けてしまうカストリ雑誌は、紙幣を印刷しているように映ったに違いない。利にさとい学生なら、これを見逃すはずがなかった。

東芝の前工場長を父に持つ農大生をリーダーに据え、慶応大、東大など編集未経験の学生らが集って起業。本誌が創刊された。

大戦末期から戦後にかけて、買い出しの主婦らを毒牙にかけた小平義雄の精神鑑定を紹介した記事などを掲載した創刊号では「犯罪実話雑誌」をサブタイトルに冠していたが、回を重ねる毎にエロ度を増し、のちに父子相姦を描いた記事で発禁処分（刑法175条の適用）を受けている。

創刊から数ヵ月もすると、創刊時の学生メンバーは分裂、それぞれにカストリ雑誌社を興した。敗戦を迎えてもなお既成概念や古い権威から抜け出せない大人を尻目に、混乱時代を謳歌した彼らを、詩人ジャン・コクトーの作品にちなみ、「レザンファン・テリブル」（恐るべき子供たち）と呼んだ。

広告には東芝（東京芝浦電気）の商品マツダランプも掲載されている。

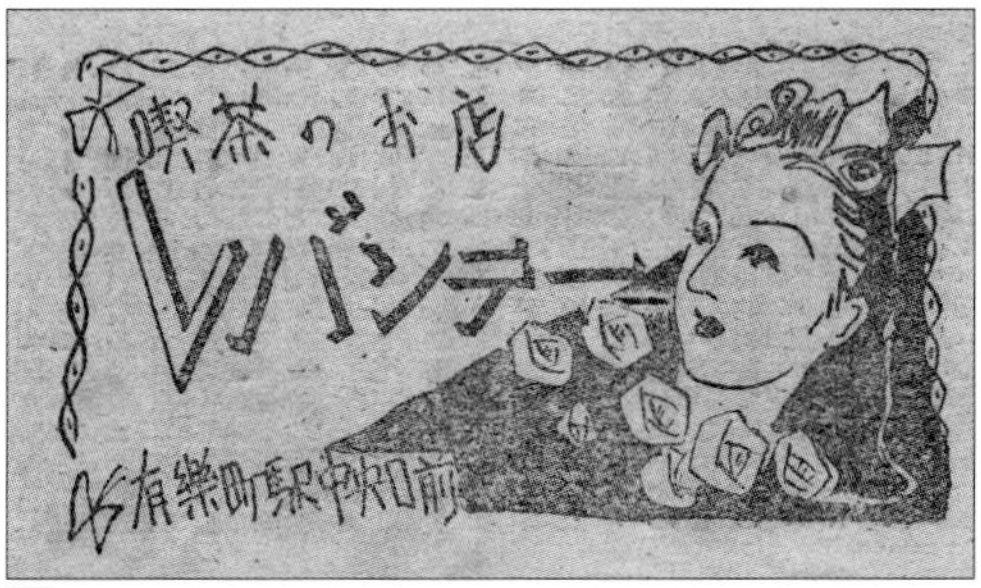

3

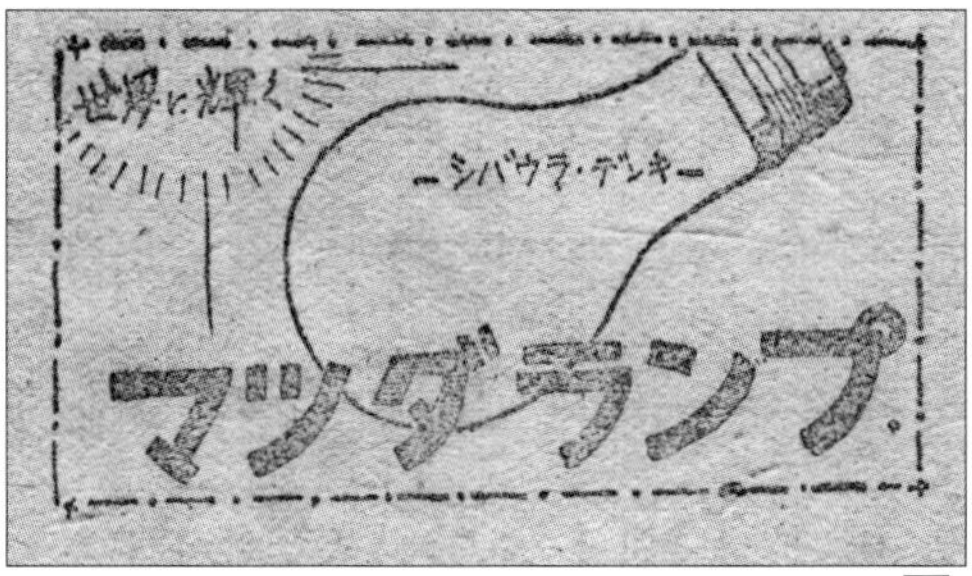

4

1女性7人を陵辱した戦後のシンボリックな事件　2「インフレと闇の女と浮浪児」と題されたイラスト。貧困に喘ぐ人々を尻目に、自由を謳歌する恐るべき子供たちとパンパンガール　3喫茶レバンテーの広告。当店は今も営業している　4本誌立ち上げメンバーの父が勤めていた東芝も広告を出稿している

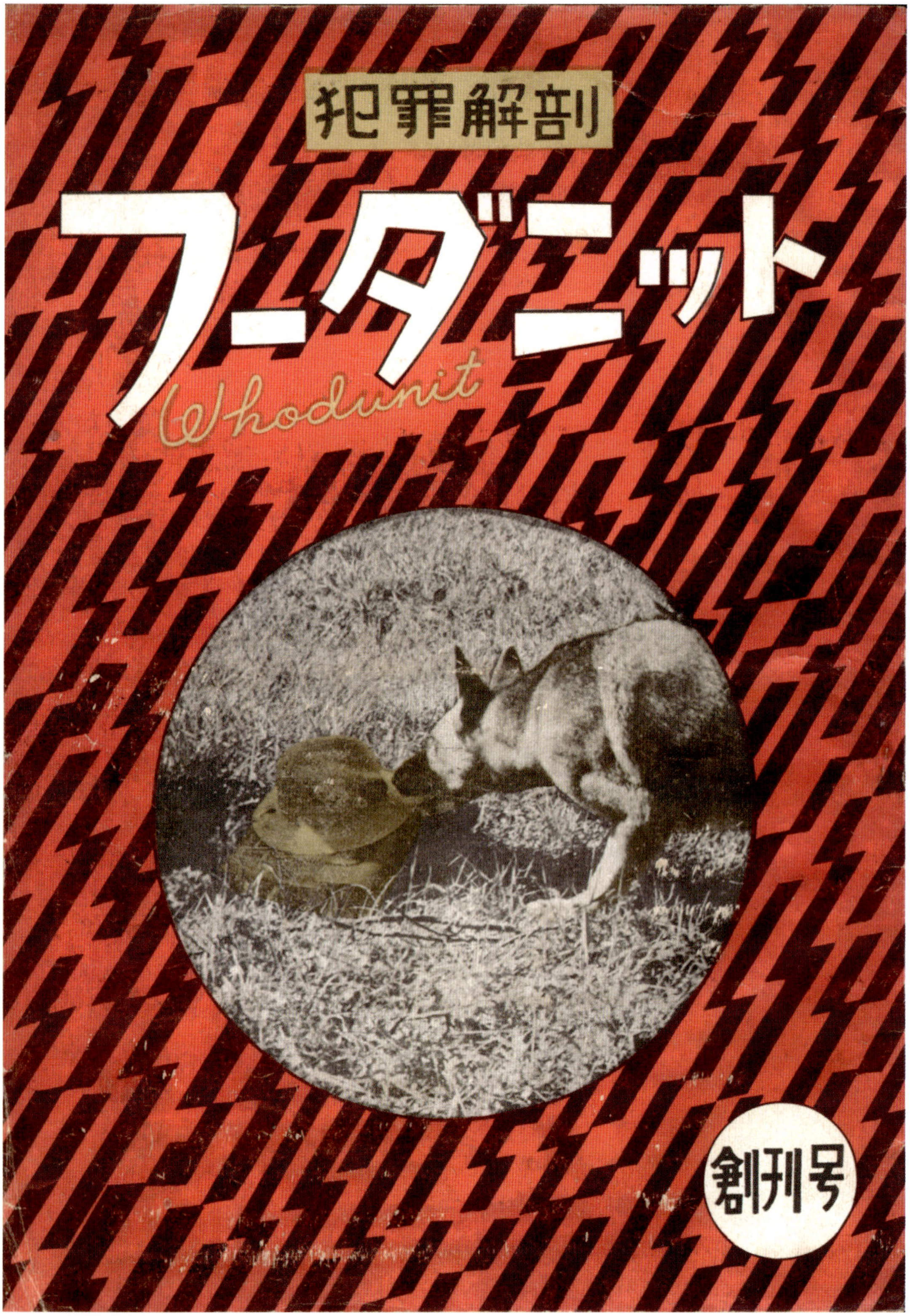

<<<<<　フーダニット　>>>>>

昭和22年11月発行／40頁／23円
犯罪科学研究所

1

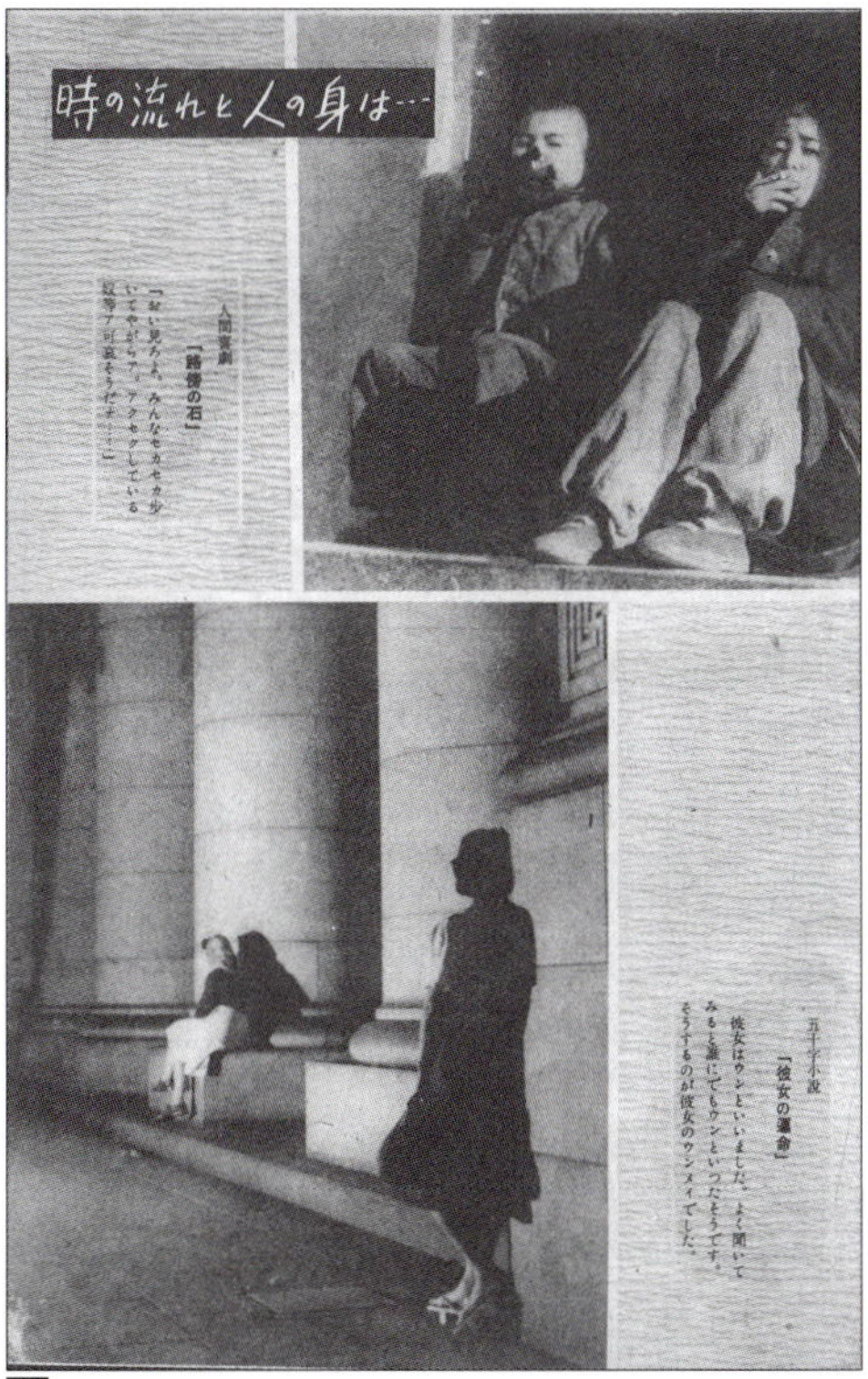

2

3

4

1漫画家・小野佐世男による銀座の不良少女イラストルポ。戦前の価値観に囚われない無軌道な若者を指してアプレゲールと呼んだ　2タバコを吸う浮浪児と、下駄を履いたパンパンガール　3中流家庭に育った学生が起こしたピストル強盗事件　4女性の腐乱死体を扱った犯罪読物

防犯を名目に犯罪を特集

本誌が掲載している「社告」によると、犯罪科学研究所なる組織を立ち上げ、防犯思想普及のために創刊したとある。

掲載している記事は、戦後に頻発した強盗の手口を紹介した「野性の誘惑」や、海外の犯罪傾向を紹介するもの「今、外国にはどんな犯罪が起きているか」、科学捜査といえるかどうか怪しい「ウソ発見器とはこんなもの」、街娼を取り上げた「涙で語るパンパンのざんげ」、実話だけではなく、フィクション「探偵小説」など。

巻頭のグラビアは、当時のカストリ雑誌にしては多い４ページに、浮浪児、パンパン、買い出し風景など世相を反映したものとなっている。

序文は、公職追放となる直前に執筆したと思われる警視総監・門叶宗雄（とが・むねお）が小文を寄せている。

「起きた犯罪を捜査するよりも、起きる犯罪を防ぐことの方が、はるかにむずかしい仕事である。（中略）それを防ぎ止める〝手〟もまた我々の身近な所から出発しなければならない」と、門叶は防犯意識の向上を訴えている。

興味本位の覗き見趣味的なカストリ雑誌が多い中で、関係官庁との深いパイプをもつ人物が発行・編集にあたっていた可能性は見逃せない。

タイトルの「フーダニット」とはwhodunit（推理小説）のこと。

<<<<<　りーべ　>>>>>

昭和22年１月発行／36頁／20円
表紙装画・長谷川中央／リーベ社

<<<<<<　情痴の顔　>>>>>>

昭和22年２月発行／36頁／23円
パトス

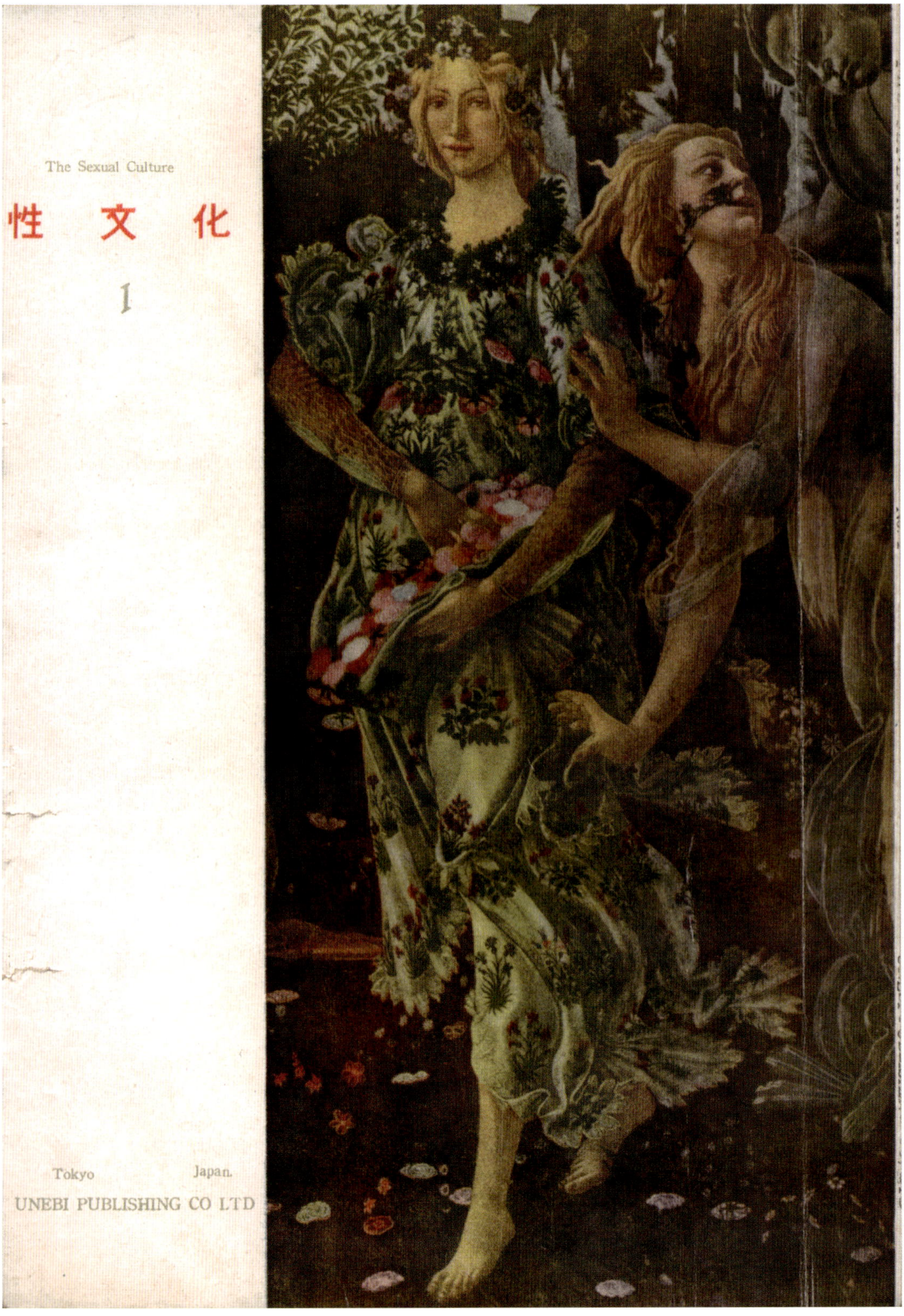

<<<<< 性文化 >>>>>

昭和22年２月発行／62頁／28円
畝書房

<<<<<　くいーん　>>>>>

昭和22年３月発行／46頁／15円
表紙装画・渋弴／くいーん編集部

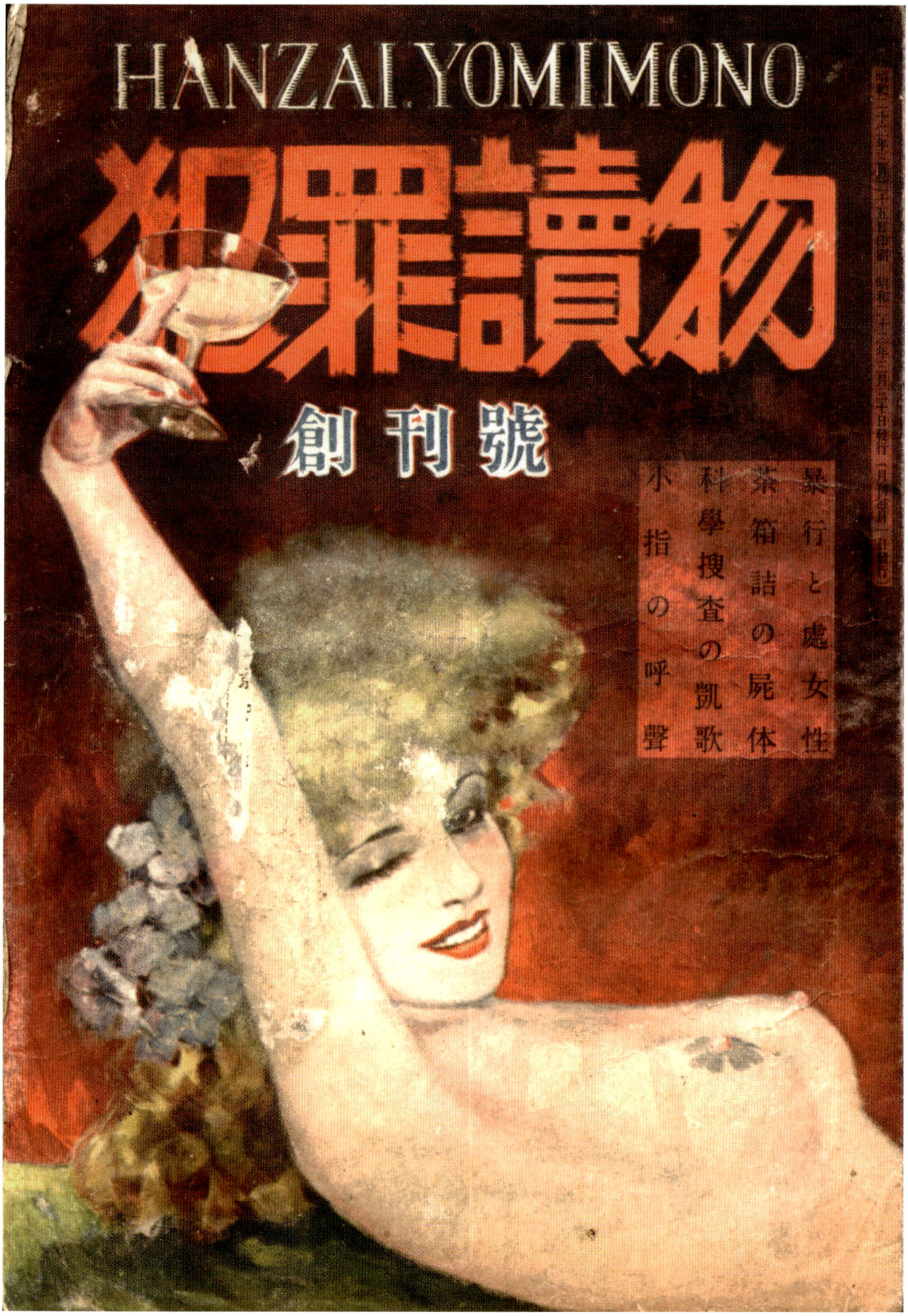

<<<<<<　犯罪読物　>>>>>>

昭和22年３月発行／36頁／15円
犯罪科学社

<<<<<　ヴィナス　>>>>>

昭和22年５月発行／52頁／30円
表紙装画・峯岸義一／耽美館

<<<<<　人間復興　>>>>>

昭和22年６月発行／52頁／25円
リファイン社

<<<<<　犯罪実話　>>>>>

昭和22年７月／52頁／20円
表紙装画・鈴木雅雄／畝書房

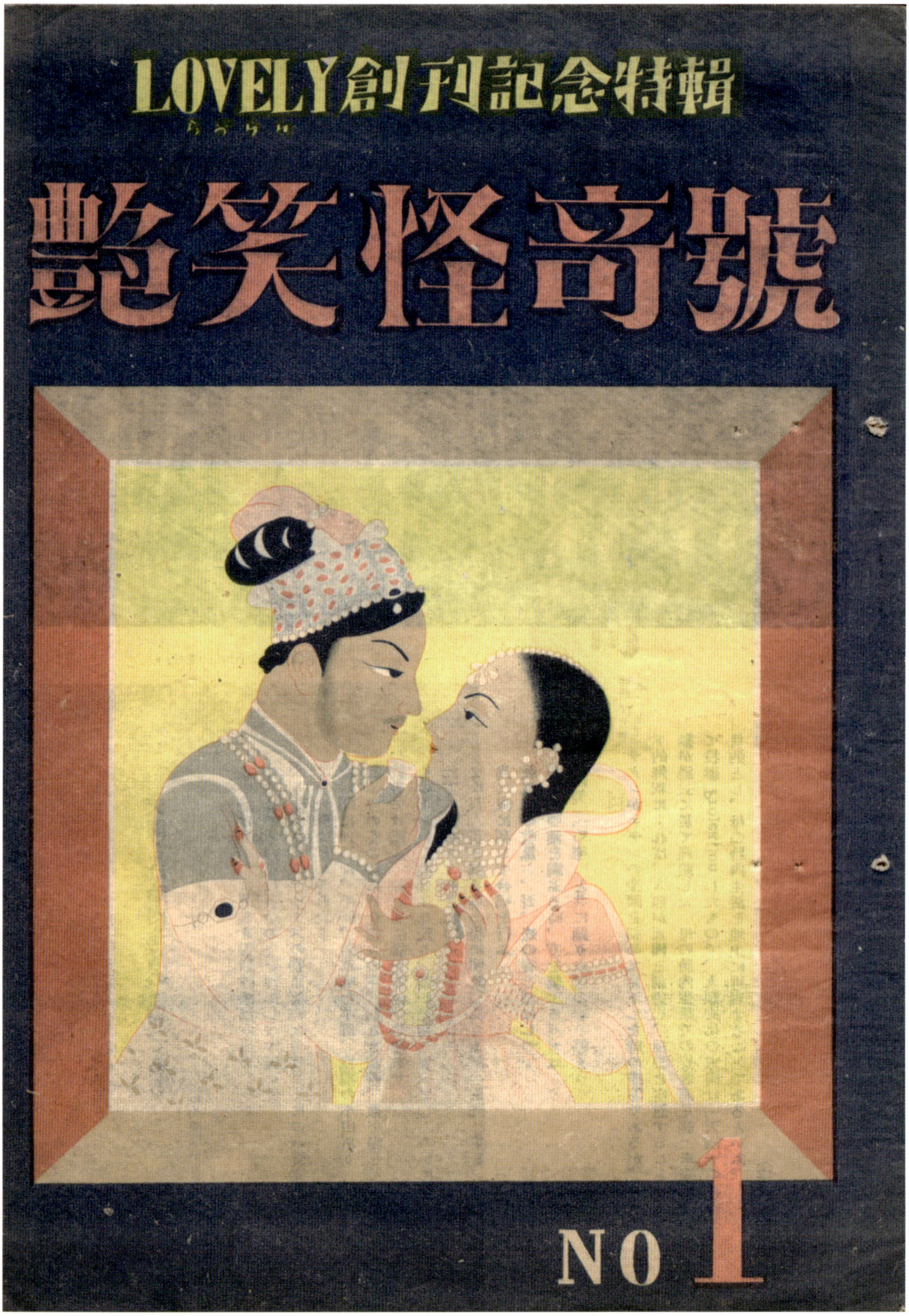

<<<<<　らゔりぃ　>>>>>

昭和22年９月発行／52頁／30円
新浪漫派社

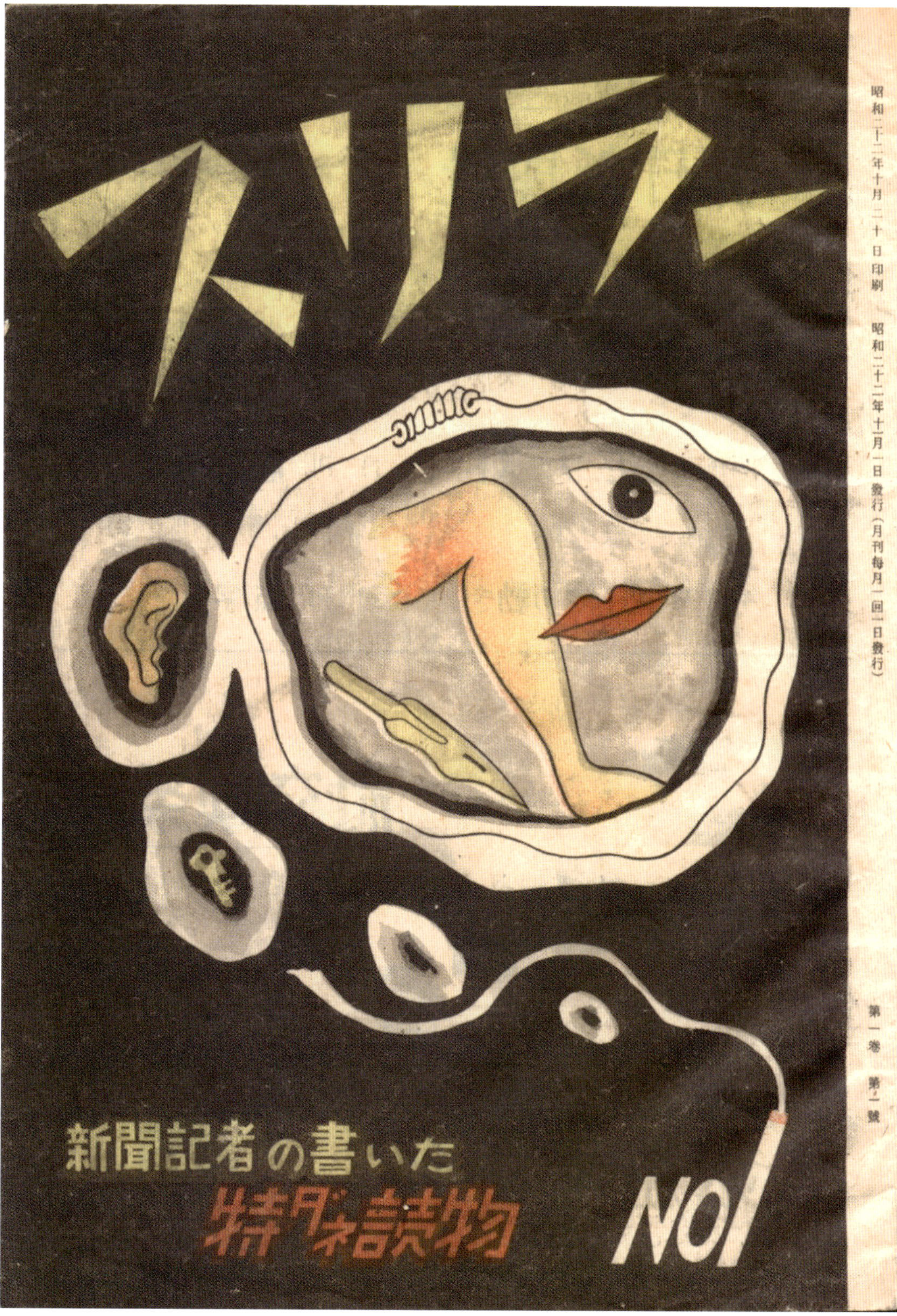

<<<<<　スリラー　>>>>>

昭和22年11月発行／36頁／20円
表紙装画・岡かつみ／スリラー社

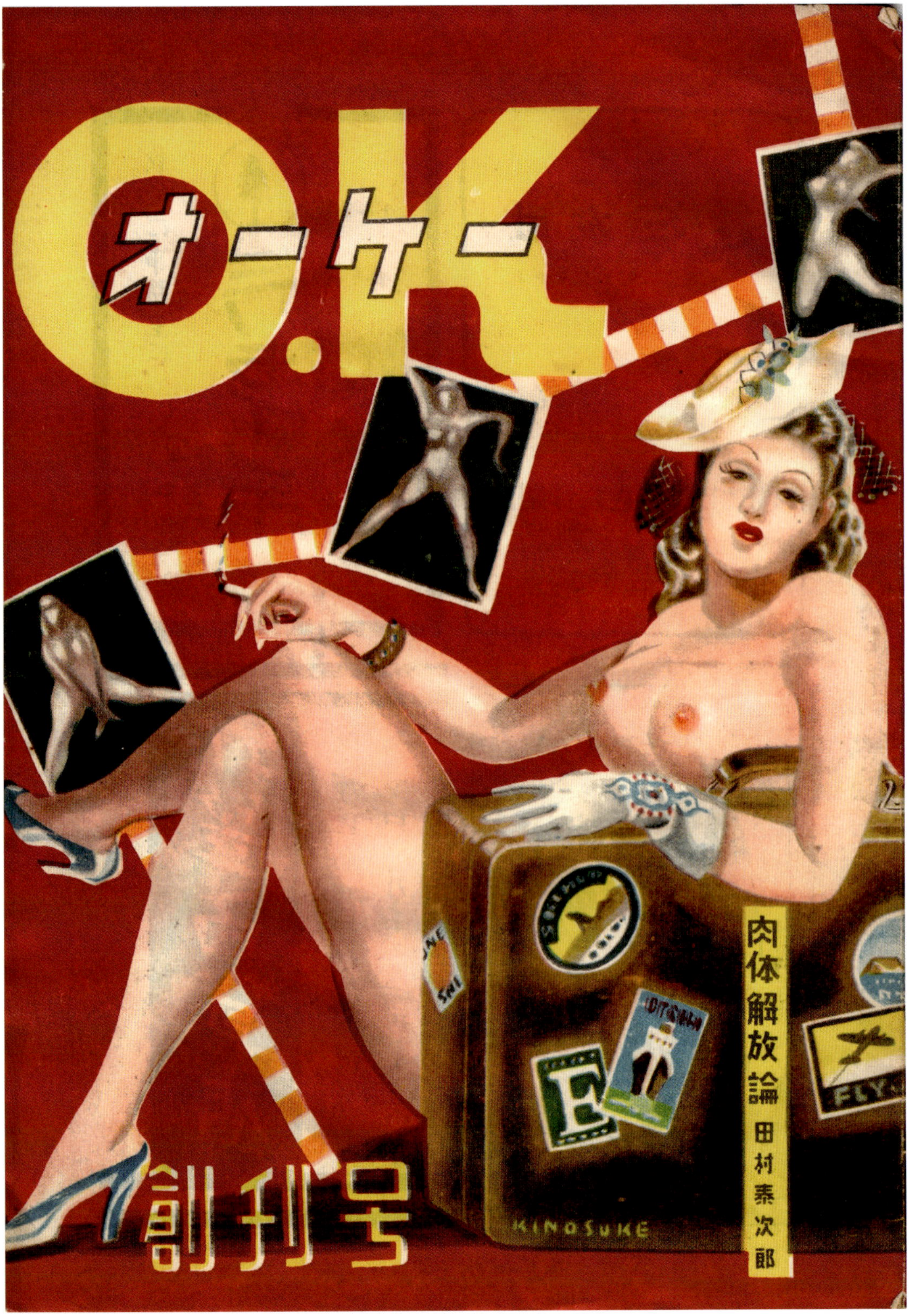

<<<<<　オーケー　>>>>>

昭和22年12月発行／36頁／20円
表紙装画・秋黄之介／オーケー社

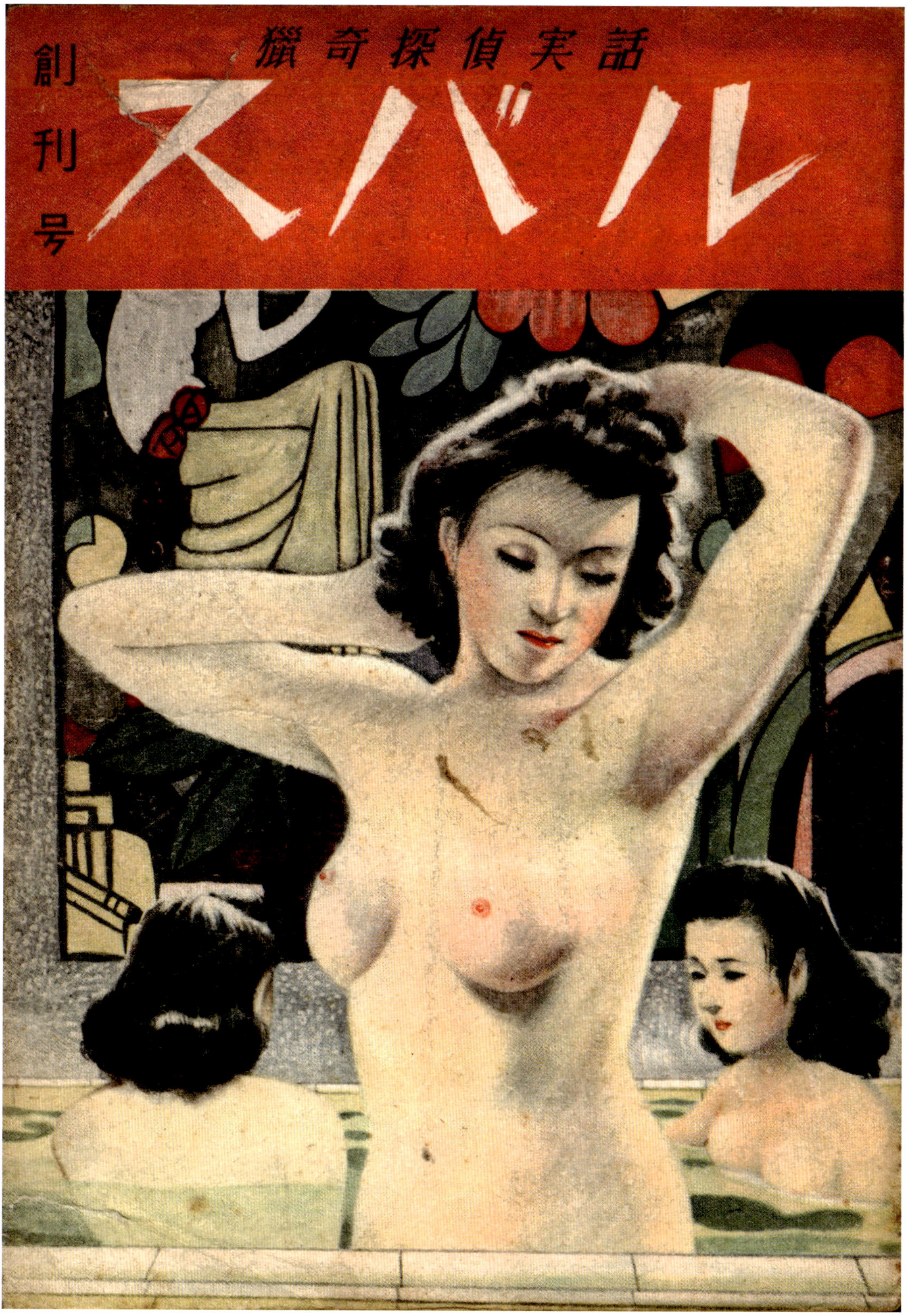

<<<<<　スバル　>>>>>

昭和22年12月発行／36頁／20円
表紙装画・中島喜美／万国新報社

売春街・赤線小史

戦後に咲いた、もう一つのあだ花、赤線。

赤線とは、公然とした売春が黙認されていた戦後の売春街を指す俗称である。太平洋戦争の敗戦後間もなくから、売春防止法が施行される昭和33年まで存在し、厚生省の調べに依れば、昭和31年9月時点で、沖縄県を除く46都道府県に1,176箇所。1都道府県あたり約25箇所。

わずか約60年前までは売春街がこの国に遍在していた。

売春は人類最古の職業である——。

そう喩えられることは多いが、制度化された産業と見なした場合、法整備が完成したのは明治に入ってからのことで、それもかなり時代が下った明治33年の法令「娼妓取締規則」発布によって、買売春が一定のエリアに限定して公許されてからのことである。

すなわち「廓」の字のごとく、娼婦と娼家が囲い込みがなされているという、今に流通するイメージがこのとき完成した。

これ以前にも囲い込まれた娼街は存在し、古くは天正17（１５８９）年、豊臣秀吉が京に許した二条柳町を始めとして、元和４（１６１８）年に徳川幕府が現在の人形町に許した吉原遊廓などがあったが、これは貨幣経済が発展した都市部など局所的なことで、日本全体で為政者が制度を用意し、積極的に売春を庇護、都市設計や社会秩序の維持に活用したのは近現代に入ってのことである。

大正14年、全国に遊廓の数５５２箇所でピークを迎え、日本が近代化を進める過程で生まれた貧富の格差や、鉄道の敷設といった物流網の整備も、農村から都会へ売られる女の供給をむしろ促し、またそのことが一層の格差を生んだ。

太平洋戦争で敗戦を喫すると、良家の婦女子を守ることを名目として、戦前から続く遊廓と私娼窟（非合法な売春街）を自治体や所轄警察が整備し、押し寄せる進駐軍将兵の性欲処理のため、女の躰を人身御供として差し出した。これを〝性の防波堤〟を呼んだ。

戦災により多くの都市が荒廃した敗戦直後、遊廓や私娼窟の建物も戦災し、娼婦たちは疎開していたこともあって国内の娼家は潰滅寸前となっていたが、戦後のこうした国策売春が業者を焼け太りさせ、その後の千を越す赤線を生み出す土壌となった。

昭和21年1月、「公娼制度（遊廓）はデモクラシーの理想に違反し、個人の自由発達と矛盾する」との理由から公娼制度の廃止をＧＨＱは日本政府に命じ、明治33年以来の公娼制度は消滅した。

ただし、これはあくまで婦人を奴隷扱いする「人身売買」を禁止したに過ぎず、一方でＧＨＱは自由意志に基づく売春は恋愛的なものとをみなし、これを許容した。

日本政府はＧＨＱの意向に沿いながら、昭和21年11月14日、第一次吉田内閣の次官会議において「（買売春を）社会上やむを得ない悪として」認め、「特殊飲食店等を指定して警察の特別の取締につかせ、かつ特殊飲食店は風教上、支障のない地域に限定して集団的に認める」という、黙認方針を決定した。

あくまで飲食店の態をとりながら、個人恋愛によって売春を行う業態、すなわち赤線（特殊飲食店）が生まれたのはこの時である。

余談だが、「赤線」の語源は、所轄の警察が特殊飲食店街を地図上に赤線で引いたことする説もあるが、根拠はなく俗説の域を出ない。

赤線の建築様式は、溝口健二が映画『赤線地帯』で緻密なセットを組み、その後の赤線建築のイメージを決定づけたように、アールデコのキャバレー調に代表されるが、戦後間もない頃の東京では、元軍需工場の工員宿舎や、疎開して空いたアパートを転用した、およそ享楽性に乏しい粗末な娼家も多数存在した。

また筆者が現地で取材した限り、赤線建築の装飾は地方ほど一般住宅と見紛うくらい地味な傾向があり、そもそも体系化が難しいのが赤線建築である。

それでもおしなべて言えば、庇のアールや豆タイルなど、曲線と直線を用いた人工美・機械美がその特徴だが、これは戦後新しく生まれた美意識ではなく、戦前に流行したカフェー（洋風設備を持ち、女が接待して客に飲食させる業種）調を、戦後も再現したものである。

中部地方のとある都市に残された赤線建築。アール・デコ調の窓や柱が特徴。撮影、渡辺豪。

こうしたカフェー・キャバレー調の赤線建築が主流を占めていった理由は、客の嗜好に合わせた空間演出のみならず、昭和23年9月に施行された「風俗営業取締法」とその施行条例によって、同法条文内に規定された業種「カフェー」に組み込むため、設えをカフェー・キャバレー調とするよう、警察が赤線業者に指導したことが大きい。

東京都では、ピークを迎えた昭和27年から30年に、赤線で働く娼婦の人口は約4,500人内外、業者は約1,200軒を数えた。

昭和23年、第2回国会において、「売春等処罰法案」が提出されるも廃案、その後も廃案が続いたが、昭和31年・第24回国会において、同法は難産の末にようやく「売春防止法」として成立。

昭和31年度の『経済白書』序文「もはや戦後ではない」が象徴するように、戦後復興にめどが立ち始め、世相が落ち着きを取り戻しつつあった中、売春を無くそうとする社会風潮の醸成が同法成立の背景と指摘されるが、同時に復興財源を確保する目的で公営ギャンブルの整備が進んだことで、これまで売春業から徴税していた財源と手を切ることができたことに加えて、戦後に普通選挙制が実現したことによって、女性から支持される政策が得票に有利という、政治家側の打算が働いた可能性も無視できない。

いずれにしても、同法が施行される昭和33年4月1日をもって、３４０年続いた吉原をはじめとして我が国の〝紅灯〟は名目上消えることになった（沖縄県では昭和47（１９７２）年施行）。

その後、赤線の娼婦はどうなったのか——。

厚生省の調査に依れば、娼婦の転職先は多かった順に芸者（25%）、飲食店・喫茶店女給（18%）、カフェー・キャバレー・バー女給（15%）、料理店女中（12%）、旅館女中（10%）と、およそ80%もの女が、いわゆる水商売・訳ありと見られがちな職業に就いた。

転職状況について継続的な追跡調査が困難だったため、その後の状況を知る術はないが、女の生い立ちや生活環境などに寄り添った保護更生施策に欠いていたこと、またその運用に向けた予算が不十分だったこと、転業した元娼婦の女に社会全体が不寛容だったことなど、更生に十分な環境が用意されたとは言い難かった。

昭和30〜40年代にかけて、男性向け娯楽誌・レジャー誌では盛んに地方の温泉街での買売春を紹介している。赤線にいた元娼婦の少なくない数が歓楽温泉街へ移動し、芸者やホステス扱いで個人売春に身を染めながら余生を送ったものと筆者は推測している。

売春防止法が施行された昭和33年当時、20代半ばだった元娼婦たちは現在80〜90歳に達し、日本人の平均寿命を越えてようとしている。

時代に翻弄された彼女たちの声を拾った記録は余りに少なく、令和を迎えて昭和が更に遠くある今、〝あだ花〟は枯れ散りつつある。

ものがたり
昭和22年

戦後、民衆は活字に、娯楽に飢えていた。田島仁は、カストリ雑誌の記事執筆のため、温泉宿に泊まり続けていた。

作　對間じん

——雨の匂いがするな。

田島仁《たじまひとし》は書き続けていた原稿の手を止めた。仁はカストリ雑誌業を生業《なりわい》にしている。今は「かはたれ書房」から刊行予定の「ザ・ラスト」用の記事を書いている。「かはたれ書房」の社長、木津慶《きづよし》久《ひさ》は旧制中学時代の友人だ。木津は四十を手前にして赤紙が来た。仁には赤紙は来なかった。なぜ来なかったかは——わからない。

木津は昨年の夏にひょっこりと帰ってきた。どこから手に入れたのか酒を持ってきてその夜、久しぶりに酒を飲んだ。

「君、本を書かないか？」

——酔ったのか？　仁はそう言った。木津は胡座をかいて腕を組むと話しだした。

「戦後に台湾で大量の紙を手にいれたんだ。おっと、詳しくは聞かないでくれ。最近は本がよく売れているだろう？　文選工《ぶんせんこう》も獨逸《ドイツ》製の輪転機もなんとかなる。あとは記事なんだ。君は講談やら梵語やら知らなくていい事に詳しいし、一応、文士だろう？　きんちゃんに聞いたら最近は進駐軍の古雑誌まで集めていると聞いたのでね。——饂飩美味かったよ。」

きんは仁の姪だ。

——文士か。そんな大層なものではない。依頼があれば何か書く単なる売文業だ。

仕事に困っていた仁は承諾した。最初に出版した「ザ・ラスト」は一万部が二時間で売れた。十山人《やまと》、山田鶯《やまだうぐいす》、島木砂土《しまきしゃど》、仁は幾つもの返名を使い文章を書いた。

「女給の秘め事」「新妻は望んでいた」「海外における額縁ショー」「雪責めの美学」

——出鱈目《でたらめ》だ。

戦火で書物を失った仁が記憶と想像で書いたものだ。出鱈目でも「ザ・ラスト」は完売し仁の手元には結構な稿料が入ってきた。

「次号をすぐに出そう」

木津の決断は早く、仁は伊豆の温泉に連れて行かれ、原稿用紙百枚と大量の鉛筆を渡され

——そのままにされた。

書き終わるまで帰ってくるなと言う事だ。

久米仙人の話やら性行体位の分析考、近隣の噂を聞いては評判の寺に行き、真言立川流の男女が交わる曼荼羅《まんだら》、男根《りんが》、女根《よに》の実物や女官の秘具の張形、そんなものを調べては、ひたすら書いた。

今日も原稿の続きを書いている時にふと——雨の匂いがするな、そう思ったのだ。

飯は食ったばかりである。山菜やら魚、高級な蒲鉾《かまぼこ》、なにより白い飯が食えるのが嬉しかった。

昨日の夕飯は焼き魚にたっぷりの大根おろし、長芋が入った味噌汁に胡瓜の糠漬け。

夕飯を食った後、仁はチョコレイトを肴にウイスキーを少し飲んだ。木津からの差入れだ。随分と久しぶりに甘い物を食べた気がする。甘い物のお陰か昨夜は随分と筆が進んだ。

——そろそろ、夕飯か…そんな事を考えると味噌汁の匂いがしてきた。

仁は腹を鳴らすと再び、原稿にとりかかった。

1948

第3章 昭和23年

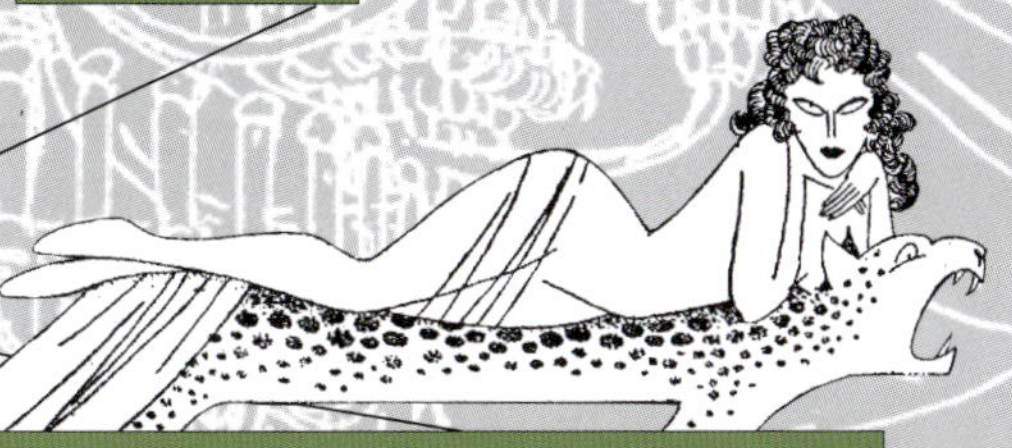

カストリ雑誌最盛期

連合国が戦争犯罪人を裁いた極東国際軍事裁判（東京裁判）が、この年に結審。東条英機らが、絞首刑に処される。そして、新しい国としての体裁もだんだんと整っていく。なお、太宰治が愛人と入水、心中した事件も世間を賑わせた。そんな中にあっても、カストリ雑誌の創刊数はさらに増しており、この年の半ばにピークを迎えたと考えられる。敗戦からの回復が進みつつありながら、まだまだカストリ雑誌の退廃と刺激は、大衆に求められていた。

主な出来事

美空ひばり、歌手デビュー
太宰治、玉川浄水で心中
東条英機、A級戦犯として死刑執行

カストリ年表

昭和二十三年

1月
- 一般参賀23年ぶりに許可
- 帝銀事件発生、12名殺害さる
- 寿参院事件発覚、嬰児103名殺害さる

3月
- GHQ、祝祭日に国旗掲揚を許可
- 美空ひばり、横浜国際劇場で歌手デビュー

4月
- 新制高等学校が発足
- 昭和電工事件

5月
- 海上保安庁発足
- 初のサマータイム実施
- 『四畳半襖の下張』の摘発を受け、永井荷風が警視庁に事情聴取さる

6月
- 太宰治、玉川浄水で愛人と心中
- 福井地震、死者3,769名

7月
- GHQ、新聞を事前検閲から事後検閲へ切り替え
- 水産庁発足
- 建設省発足

8月
- ロンドン五輪、日本不参加

9月
- 『暮しの手帖』創刊

11月
- 教育委員会発足
- 東京裁判が結審
- 小平事件、最高裁で死刑確定
- 小倉競輪場にて競輪が初開催
- 警視総監が巡視中の上野公園で男娼30人に取り囲まれ、殴打さる

12月
- 泉山三六蔵相、酒乱事件
- 東条英機、A級戦犯として巣鴨拘置所にて死刑執行
- 岸信介ら戦犯容疑者17名が釈放

昭和23年の物価

映画館入場料・40円（8月）／駅弁（幕の内）・30円／銀行員初任給・500円
国鉄入場券・3円／コーヒー／20円／週刊朝日・10円（6月）、12円（8月）

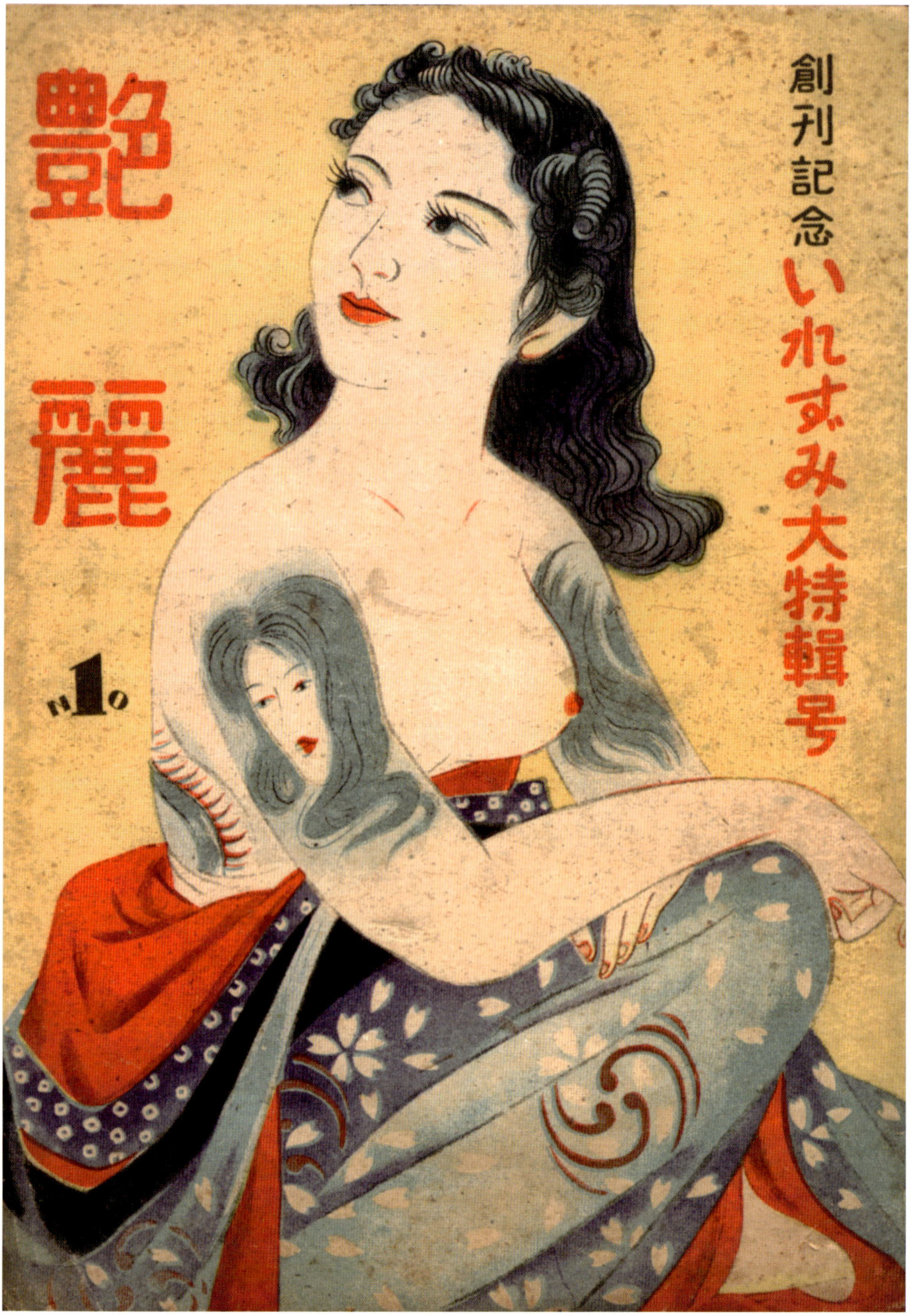

<<<<<　艶麗　>>>>>

昭和23年４月発行／44頁／28円
表紙装画・杉山正二／双立社

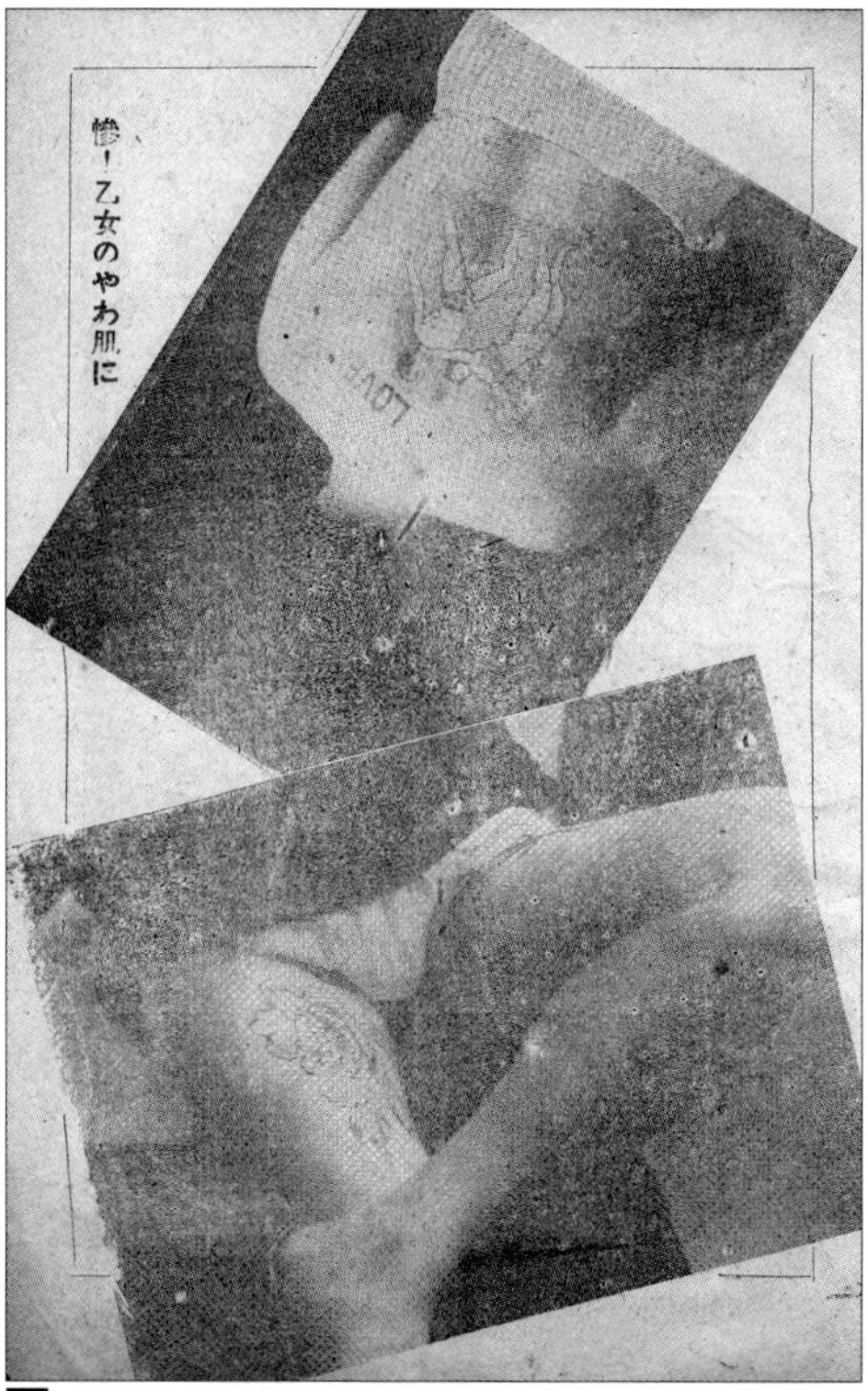

1

2

裏社会の象徴・いれずみに着目

戦後に溢れたパンパンや愚連隊（ぐれんたい）が刺青を愛好していたことから、日頃、刺青に触れる機会が少ない一般大衆までもが、ときには刺青に興味を惹かれることがあったかもしれないが、一冊まるまる、それも創刊号で刺青を特集している大胆な企画で挑んだカストリ雑誌は他に類が無い。

明治後期から大正に掛けて、稀代の彫物師と称せられた彫宇之（本名・亀井宇之助）の半生も紹介している。明治39年、イギリス国王の名代として来日したアーサー＝コノート公（ヴィクトリア女王の三男）に彫り物を施し、その名を挙げた人物である。

近年、原宿にあるアパレルショップが刺青師、漫画家・梵天太郎を再フューチャーするなど、ファッション業界からも注目を集める肉体装飾「刺青」だが、社会の表舞台に立たない侠客を中心として愛好されたこともあり、彫物師についても記録されることは少なかった。

こうした記録が残されたのも、カストリ雑誌という、極めて俗で大衆的な雑誌媒体だからこそである。

本誌には、戦後の大衆小説で歓迎されたジャンル「肉体文学」の提唱者であり、旗手でもある田村泰次郎に似せた田林泰次郎なる人物の小説「地獄の顔」が収録されている。

3

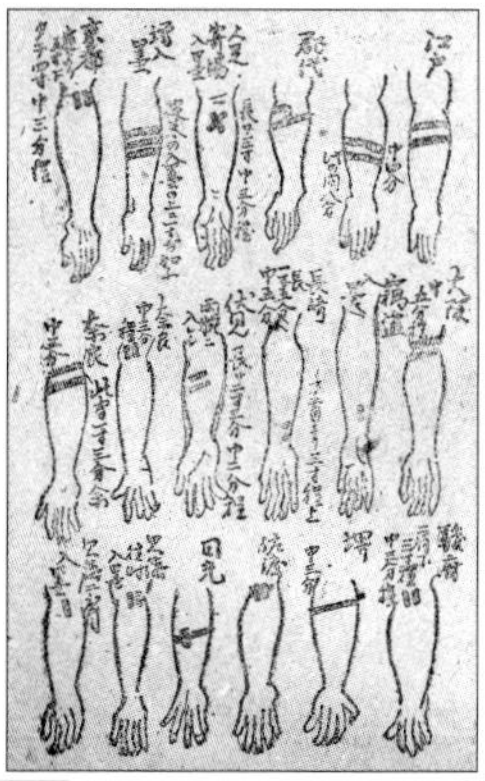

4

1「惨！乙女のやわ肌に」と添えられた刺青グラビア。水着姿で戯れる男女と、牡丹の刺青だろうか　2近代刺青師ヒストリー。刺青師の半生が描かれた記事は貴重　3入墨と書くと刑罰の一種で、罪人の肘あたりに墨を入れた。地域毎に意匠が異なったという　4背に髑髏の刺青を入れた女の犯罪読物

<<<<<　検察トピック　>>>>>

昭和23年５月発行／44頁／30円
表紙装画・竹原千吉／三芳書房

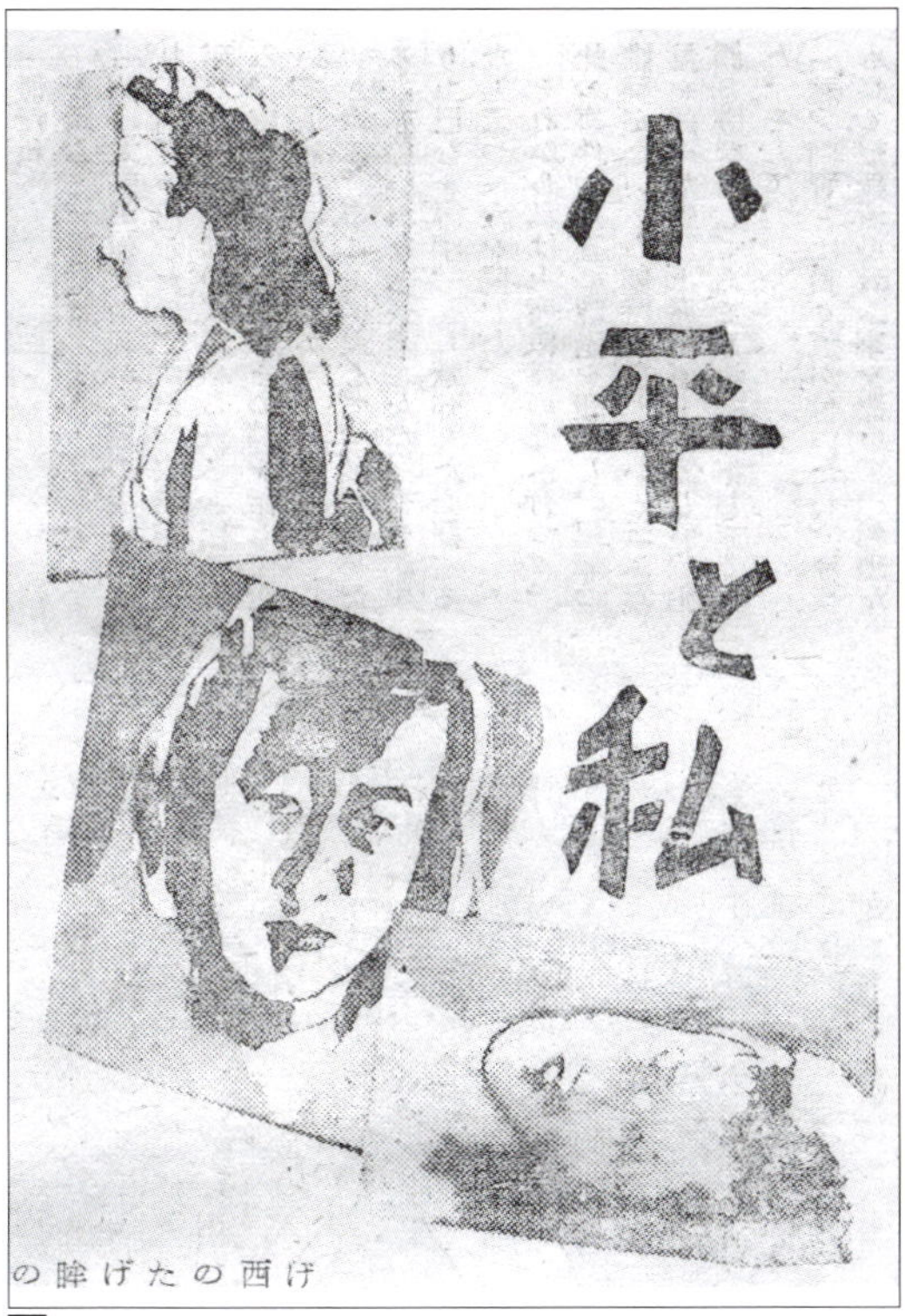

1

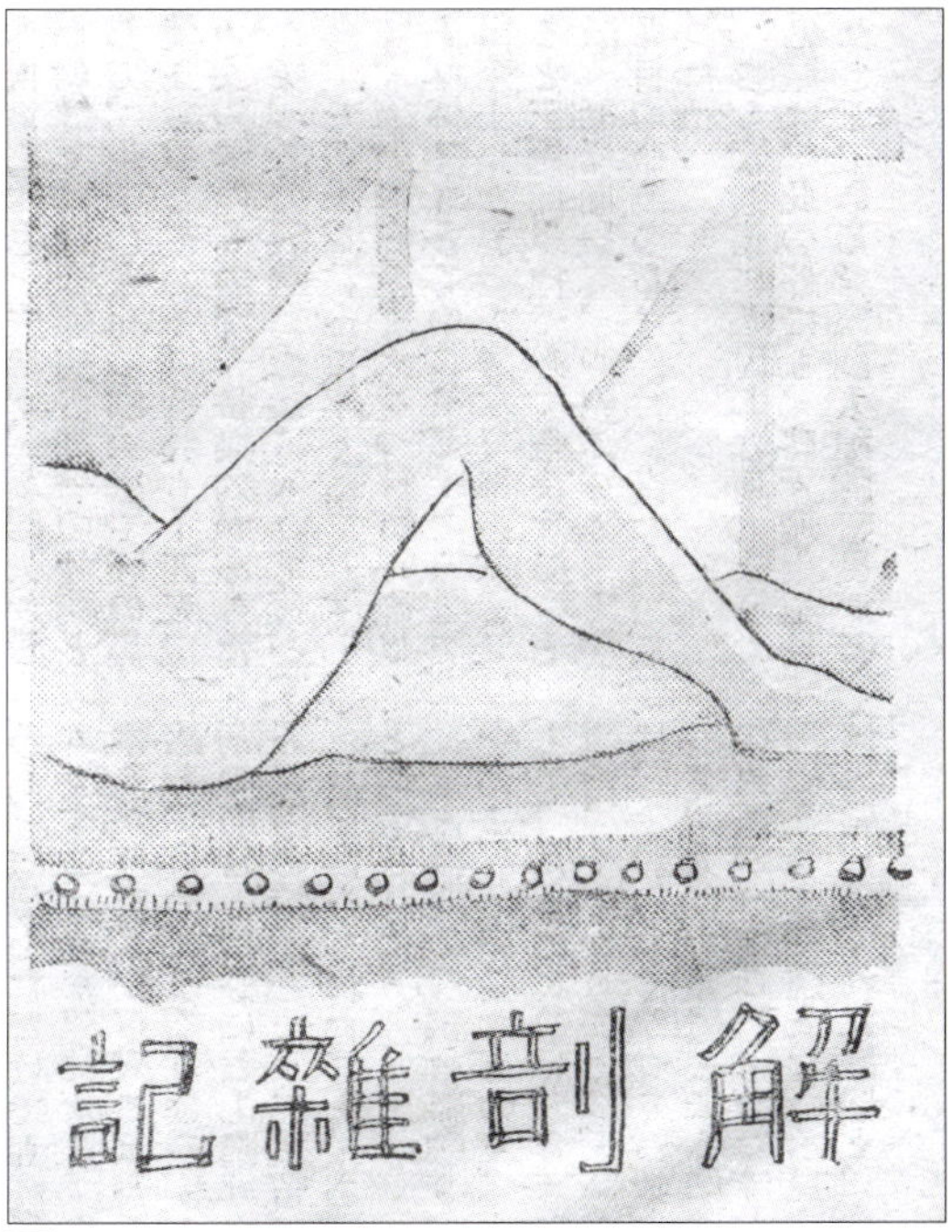

2

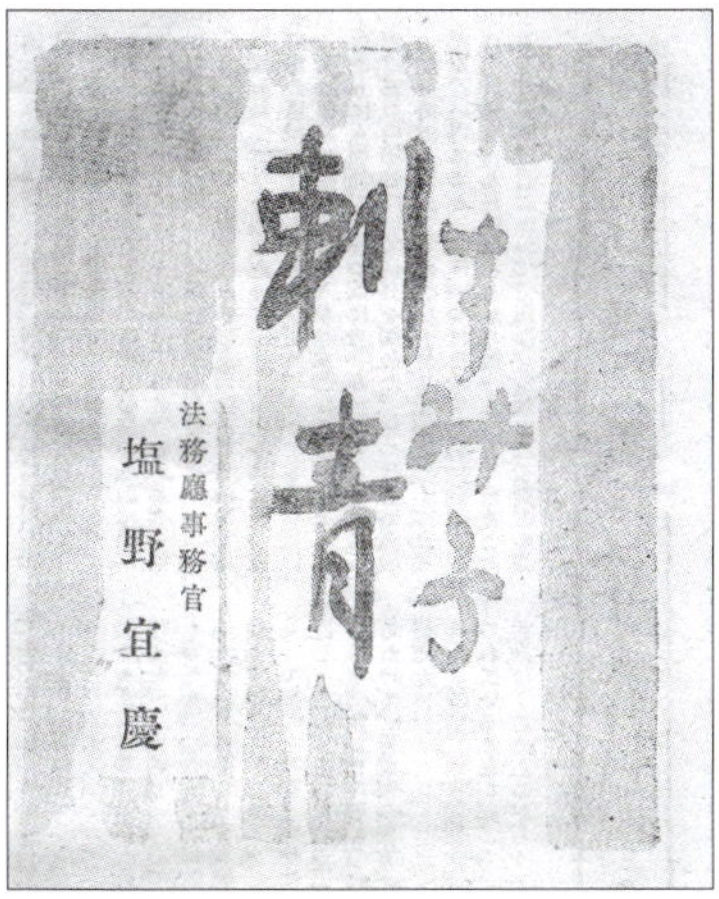

3

4

判事や検事が執筆する異色カストリ雑誌

数あるカストリ雑誌の中でも異色の本誌は、判事と検事などが筆を執り、事件のウラ話や、警察制度の紹介、エッセイなども掲載している。

司法関係者が執筆する商業娯楽誌は、類を見ないのではないか。

本誌が、興味本位のエロ記事を詰め込んだ他のカストリ雑誌と並べて売られていたとしたら、扇情的な内容を期待しながら誤って購入してしまった読者もいただろう。同情を覚える。

内容は決して一本調子のお堅い専門書ではなく、一般大衆にも理解を促すよう、興味深い切り口、平易な表現で執筆・編集されており、70年後の今読んでも充分面白い。

戦中戦後に買い出しの主婦などを毒牙にかけ、戦後に世間の耳目を引いた小平義雄の事件を担当した検事による回顧録が白眉。

検事・黒沢長登が担当した当初は、まだ1件の事件を自白したに過ぎず、ごくありふれた強姦殺人事件に過ぎないと思いこんでいたものの、対面した直後から、その印象は変わったという。

「犯人の外貌、殊にその第一印象などで、その人間全体またはその犯行まで判断するなどということは厳に慎まなければならない」と自省しつつも、小平と対面すると「口をまげて笑うときの淫らな感じ、更に、時に眸に浮かぶ殺気を含んだ狂暴な光」に堪らなく不愉快さを感じたと綴っている。

1小平事件を担当した検事による手記　2検事が紹介する司法解剖について。専門家による啓蒙という名目とは裏腹に、読者の倒錯趣味を充たした　3刺青を入れた恋仲の沖仲仕と遊女を取り調べた検事の回顧録　4女給が接客するカフェー等に対して、喫茶のみを提供したのを純喫茶といった

<<<<< オール不夜城 >>>>>

昭和23年6月発行／40頁／30円
表紙装画・伊藤晴雨／光楽書房

2

1

有名作家たちがカストリ雑誌に参入

文章に限らず、挿絵やグラフ、表紙画など多くのクリエイターが関わり、つくられていたカストリ雑誌だったが、その多くは無名の人物たちで、そのことがむしろ市井から生まれた創作の力強さや、面白さそのものでもあるのだが、本誌は責め絵画家・伊藤晴雨による美人画が表紙を飾っている。

中身も長田幹彦、横山泰三、北林透馬、斎藤昌三、平山蘆江など、カストリ雑誌以外の大衆雑誌で活躍した著名な作家らが寄稿している。

「巷にハンランするもろもろのエロ雑誌の真っただ中へ、おくればせに生まれ出た不夜城は、七男坊や八女みたいに『またか』と子沢山の貧乏おやじのような顔付で迎えられるでせう。しかし欲しくもない子供の中から、意外に孝行者ができるように、不夜城も案外いい子にならないとは限りません。(中略)読んだら鼻紙にお使いになってもいいし、若い御婦人の便所紙にでもして頂ければ、これまさしく一石二鳥、不夜城誌に光栄これにすぐるものはありません」

と創刊の辞では、後発なりの遠慮を示しつつ、洒脱で小気味よい小文を載せている。

3

4

1花柳小説の名手、平山蘆江の作　2ハマのモダンボーイで鳴らした北林透馬も得意の横浜モノで寄稿している　3発禁本研究で知られる斎藤昌三「箱根よいとこ」　4著者はK婦人記者だが、おそらく男性編集者による筆で、一人何役もこなすこともカストリ誌上では珍しくはなかった

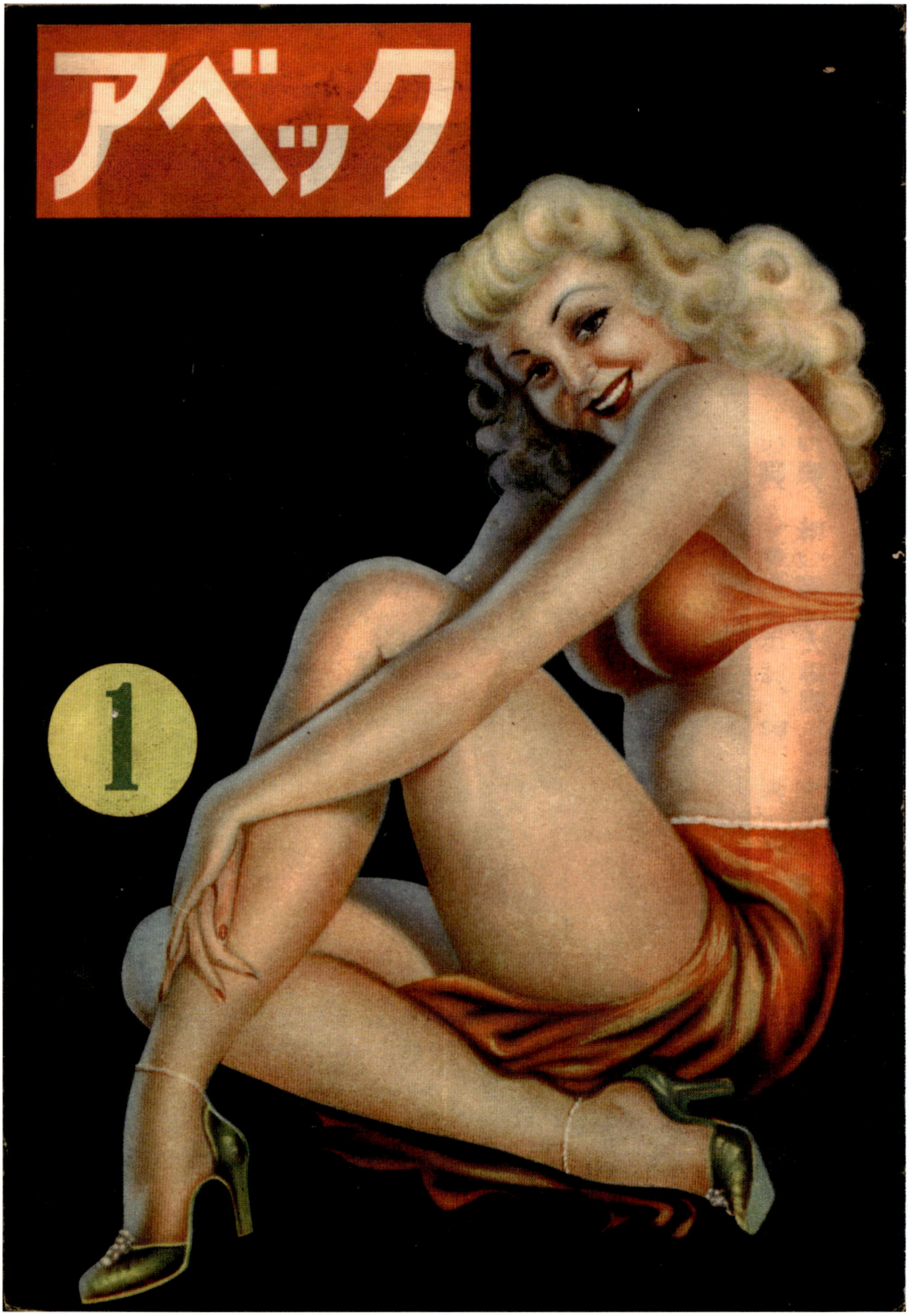

<<<<<　アベック　>>>>>

昭和23年7月発行／56頁／35円
表紙装画・美濃山三次／アベック社

1

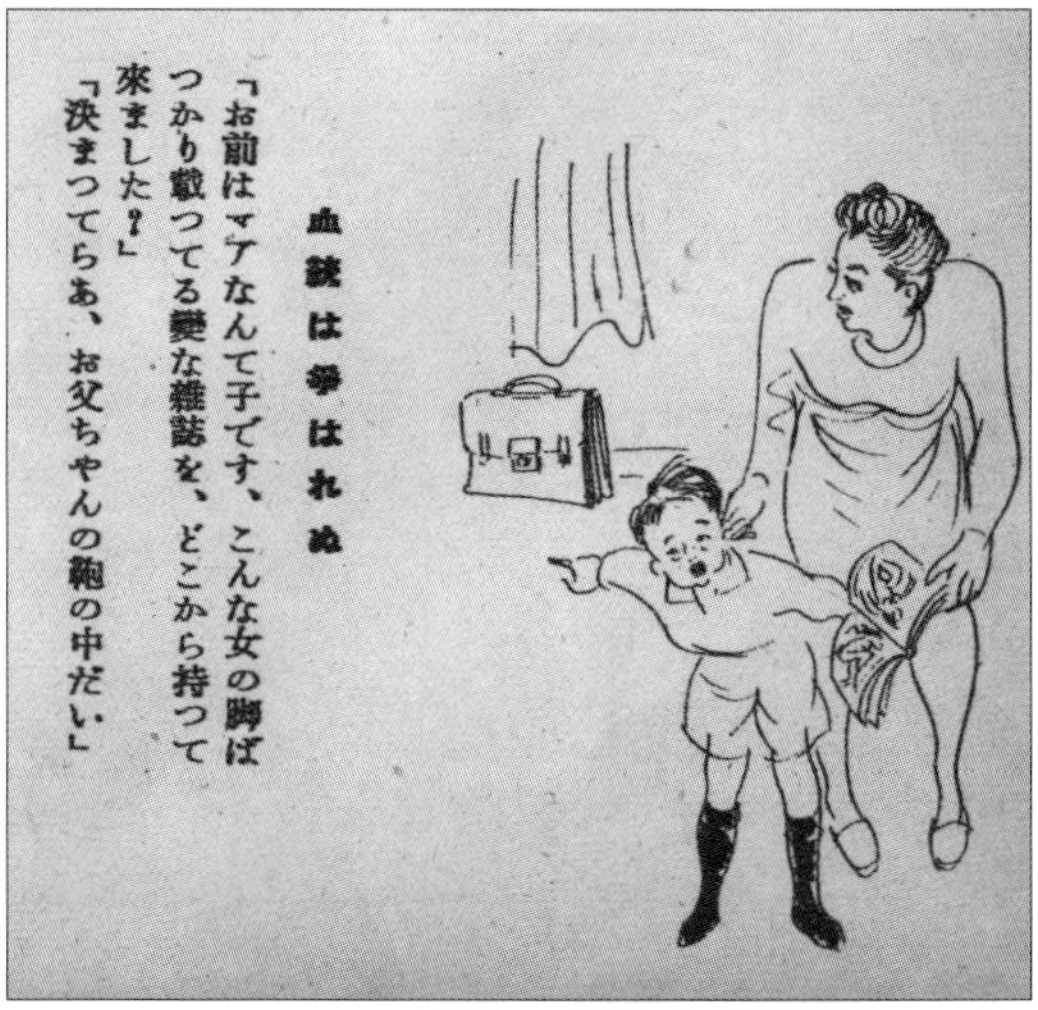

2

「赤線」と娼婦たちを特集した

今や死語と言っても差し支えない語「アベック」を冠した本誌には、矢野目源一や原比露志などカストリ雑誌の常連執筆者らが名を連ねている。「誌上録音 墨東色香の街 遊客座談会」で、新小岩の赤線（戦後に黙認されていた売春街の俗称）で働く娼婦と遊客を交えた座談会が掲載されている。

東京都内には18箇所の赤線が存在したが、本誌が発行された昭和23年当時の新小岩には、58軒の娼家と101名の娼婦がおり、中堅規模の赤線だった。だが、隣りの小岩駅近くにあった赤線「東京パレス」が、永井荷風や坂口安吾の関心を引くなどして当時のメディアを賑わせていたためか、当地はマイナーな赤線で、雑誌に取り上げられるのは極めて珍しい。

記事の冒頭、記者が出席者に酒をすすめる。

「持参の酒、といっても酒屋の自由販売のウヰスキイですから眼の方は御安心願います」

当時、工業用メチルアルコールを加えた密造酒、いわゆるカストリ酒がヤミ市を中心として出回り、失明事故を引き起こしていた。こうした冗談のような本当の時事ネタにも、世相が現れている。

3

4

1カストリ雑誌の常連作家、矢野目源一「美女と足」に添えられた挿絵　2巻頭では6ページを割いて女性の足を特集。エロ一本槍ではなく、添えるイラストやコピーにも諧謔がある　3新小岩の赤線で働く娼婦を集めた座談会　4同じく座談会から。娼家しのぶに勤める充子のイラスト

<<<<<　**実話**　>>>>>

昭和23年1月発行／36頁／20円
キヌタ書房

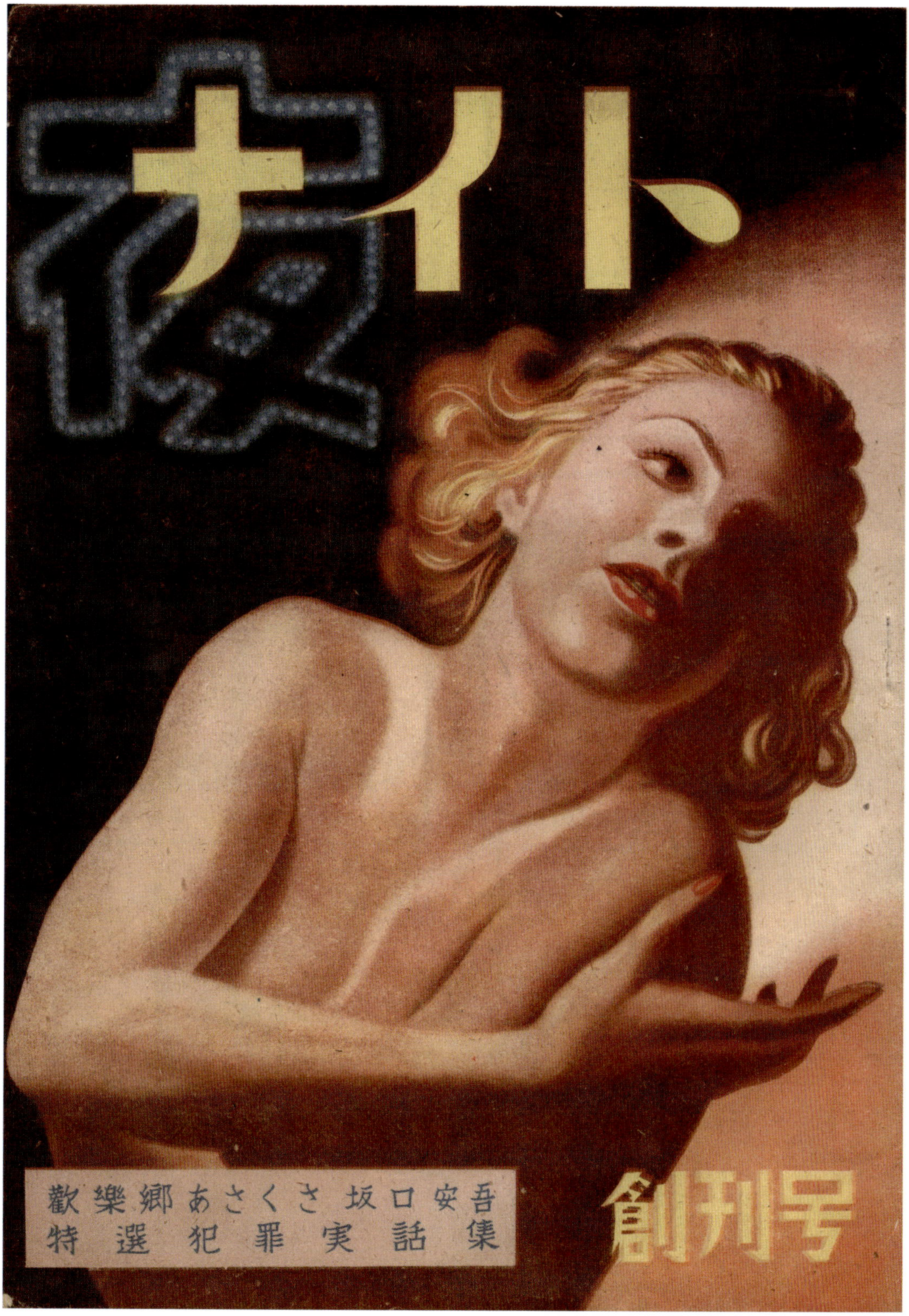

<<<<<　ナイト　>>>>>

昭和23年1月発行／52頁／25円
表紙装画・三浦まさる、窓野光／出版社ナイト

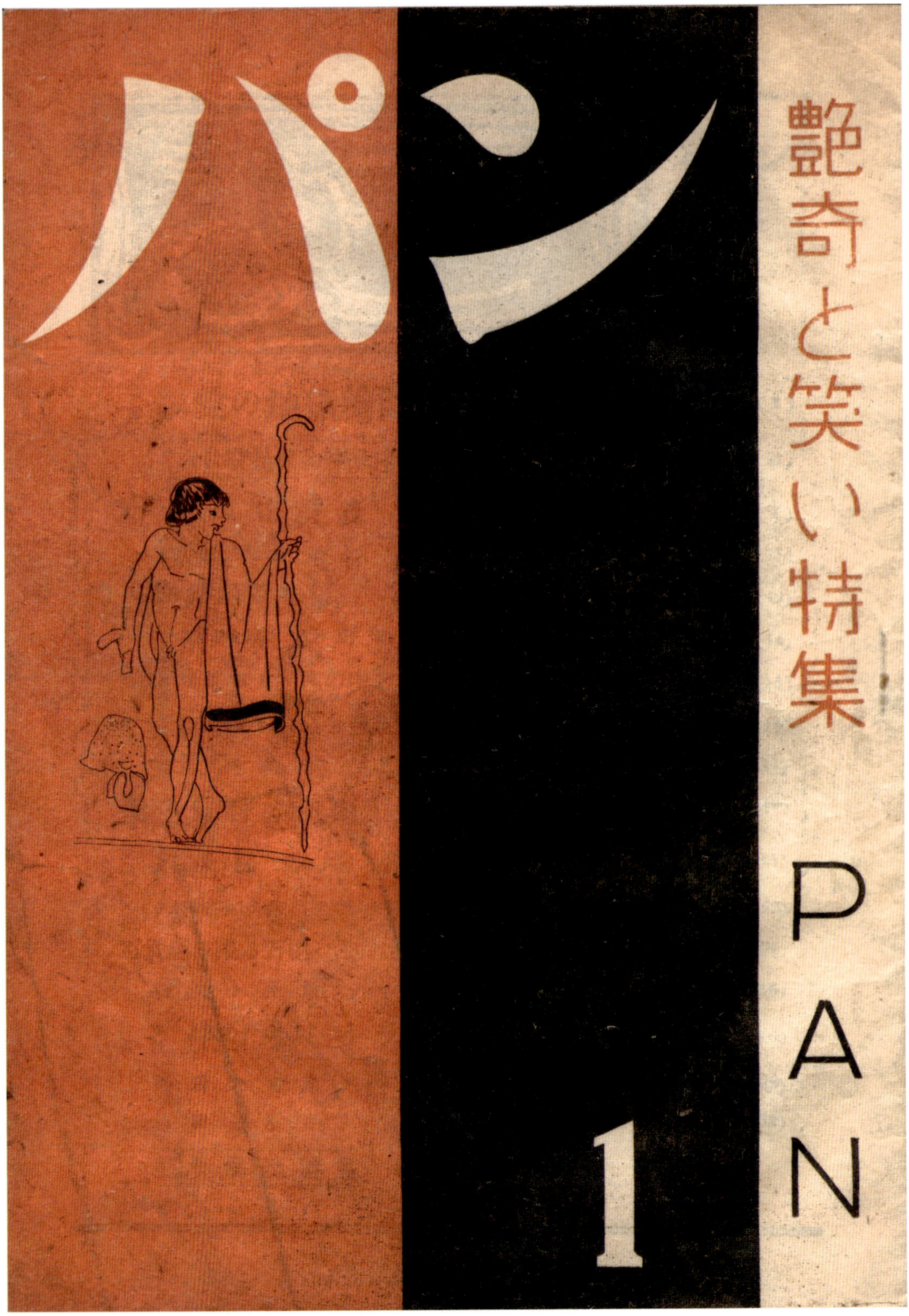

<<<<< パン >>>>>

昭和23年1月発行／36頁／20円
新世社

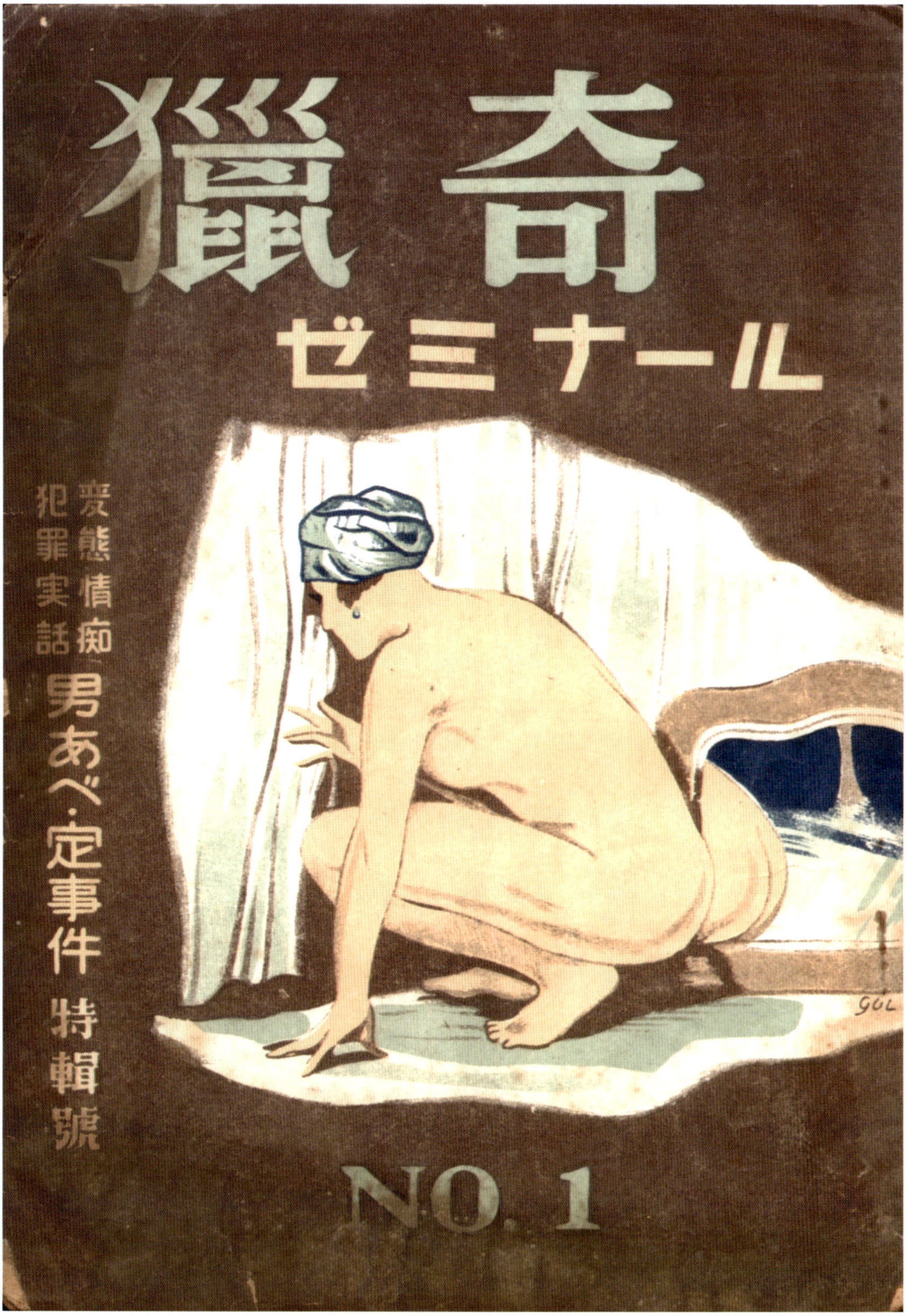

<<<<<<　猟奇ゼミナール　>>>>>>

昭和23年1月発行／36頁／20円
表紙装画・西吾一／世相研究社

<<<<<　キャバレー　>>>>>

昭和23年２月発行／44頁／25円
表紙装画・三浦まさる／小松書房

<<<<<　実話ロマンス　>>>>>

昭和23年２月発行／44頁／25円
表紙装画・三浦勝治／木谷書房

<<<<<　だんらん　>>>>>

昭和23年２月発行／44頁／25円
興文社

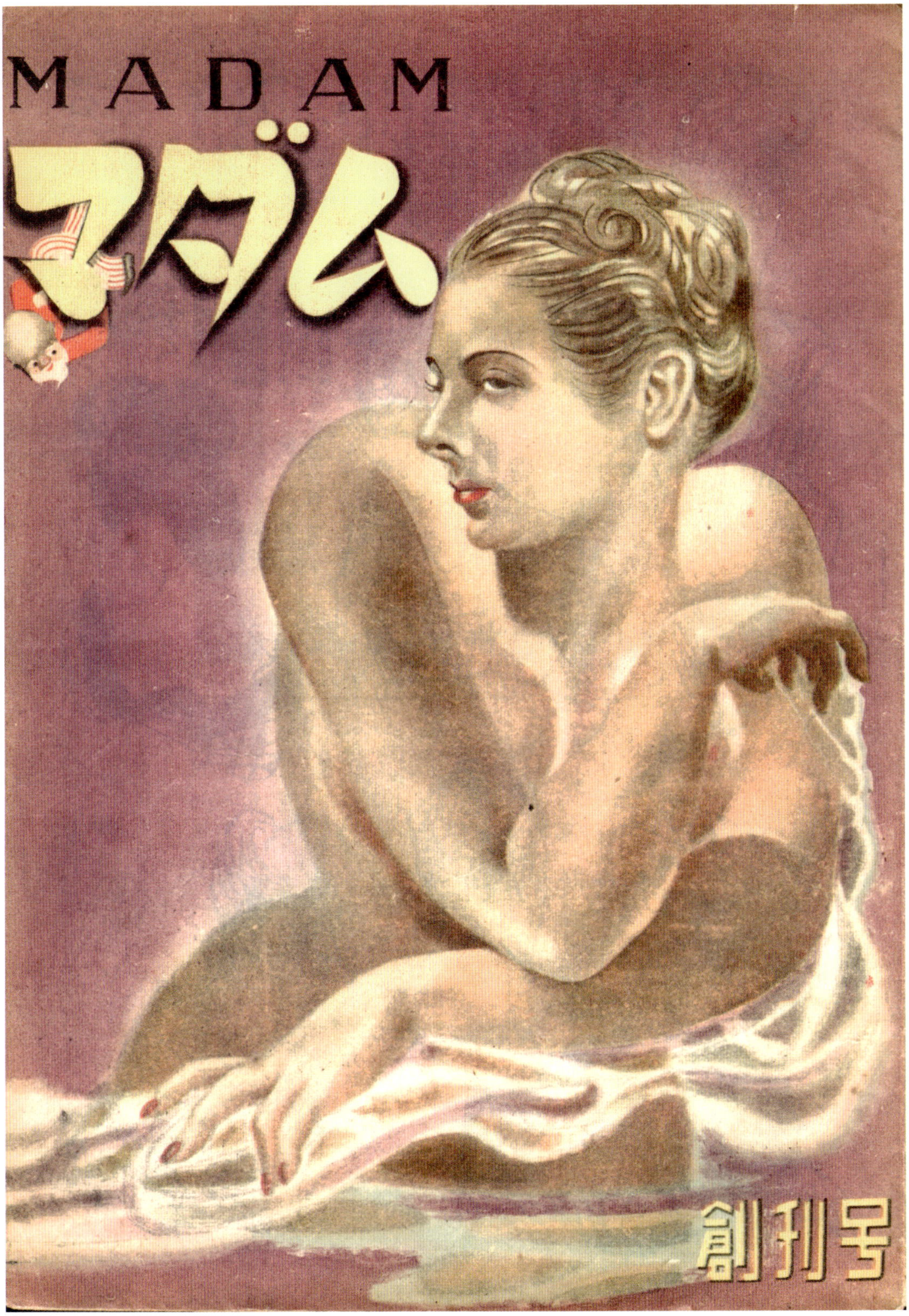

<<<<<　マダム　>>>>>

昭和23年２月発行／36頁／20円
マダム出版

<<<<<　妖艶　>>>>>

昭和23年２月発行／36頁／20円
モダン読物社

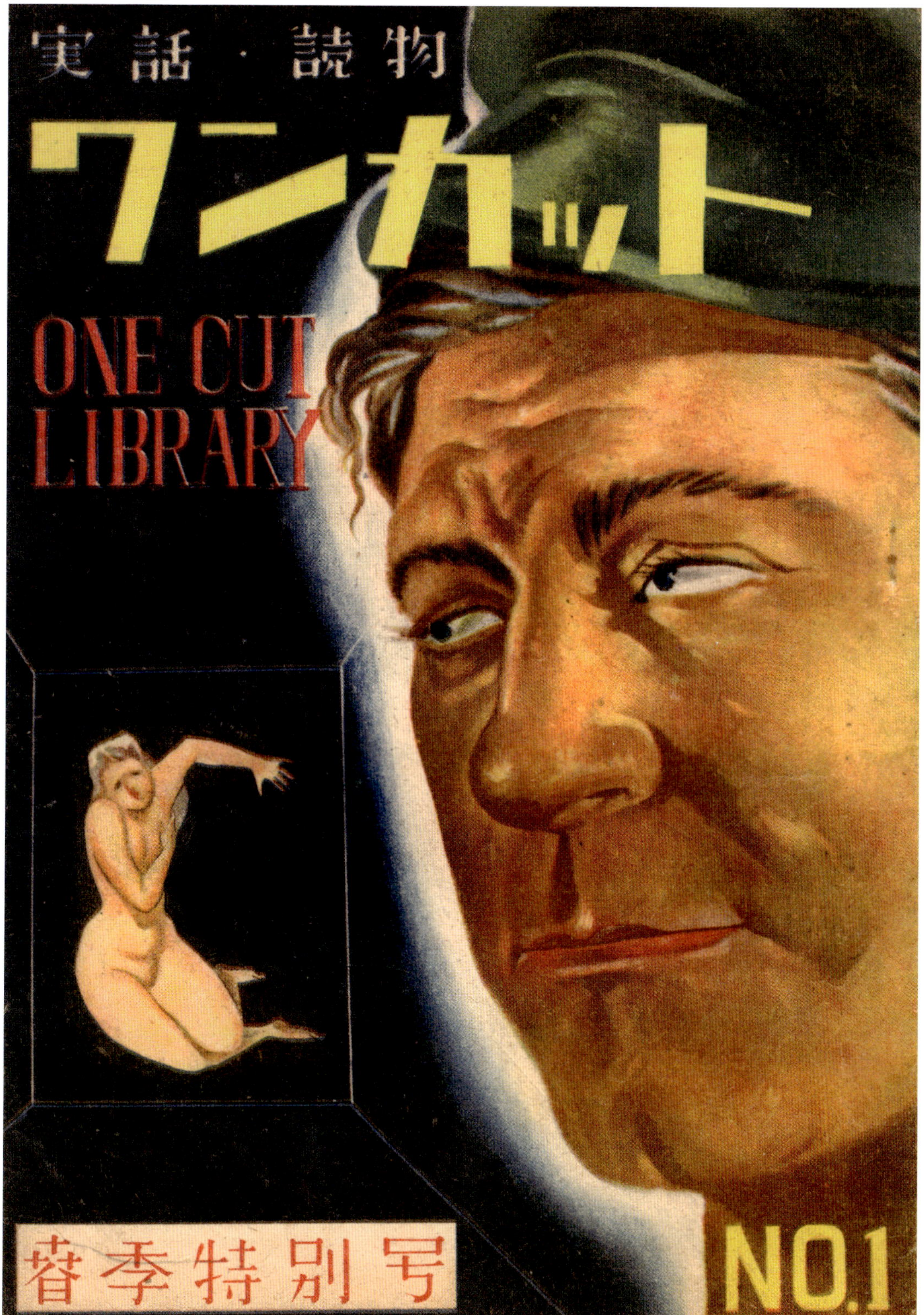

<<<<<　ワンカット　>>>>>

昭和23年２月発行／36頁／22円
ワンカット社

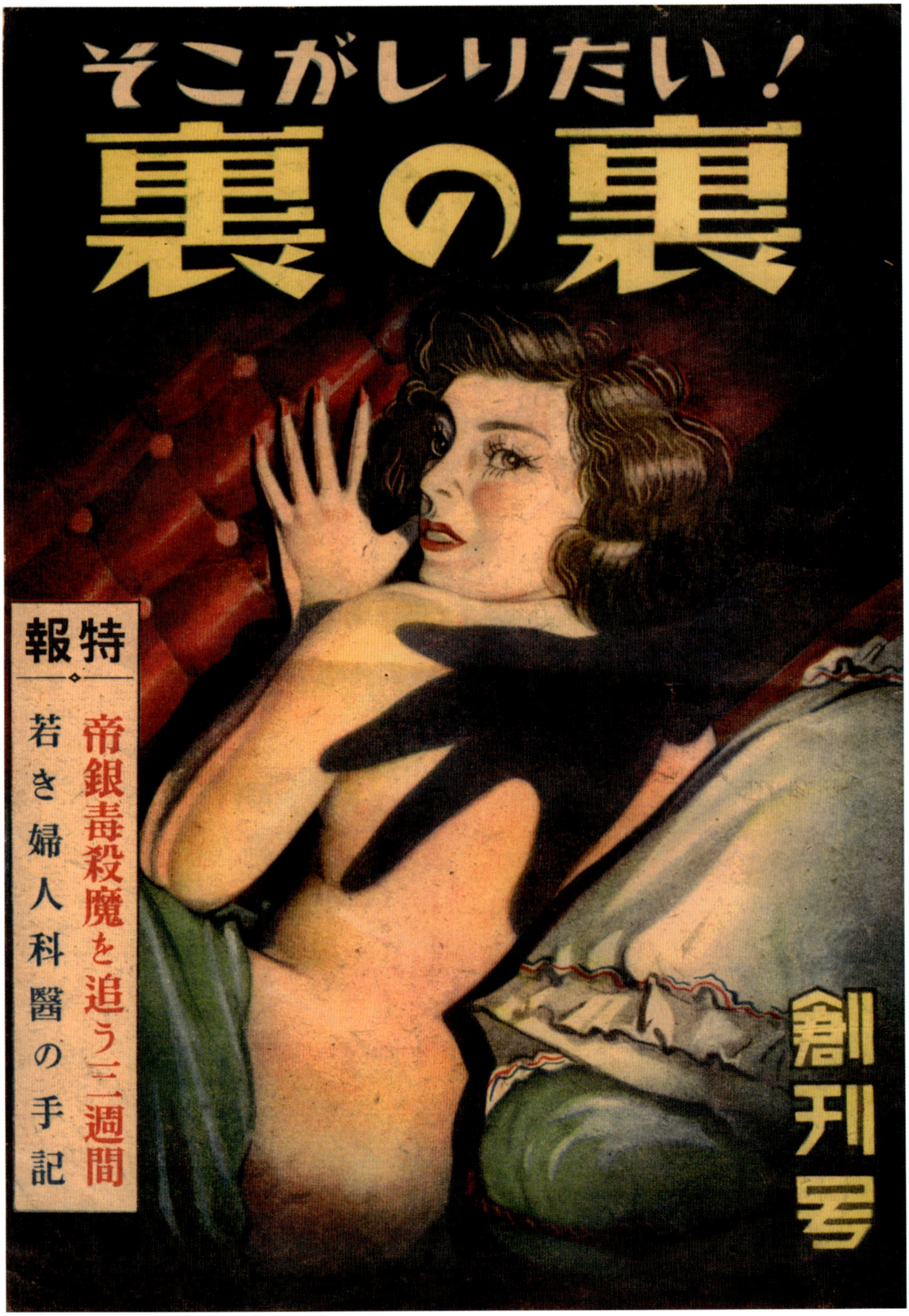

<<<<<　裏の裏　>>>>>

昭和23年３月発行／44頁／25円
佐田書房

<<<<<　月刊実話　>>>>>

昭和23年３月発行／36頁／25円
表紙装画・掘田誉美／実話新聞社

<<<<<　新世相　>>>>>

昭和23年３月発行／42頁／25円
新世相社

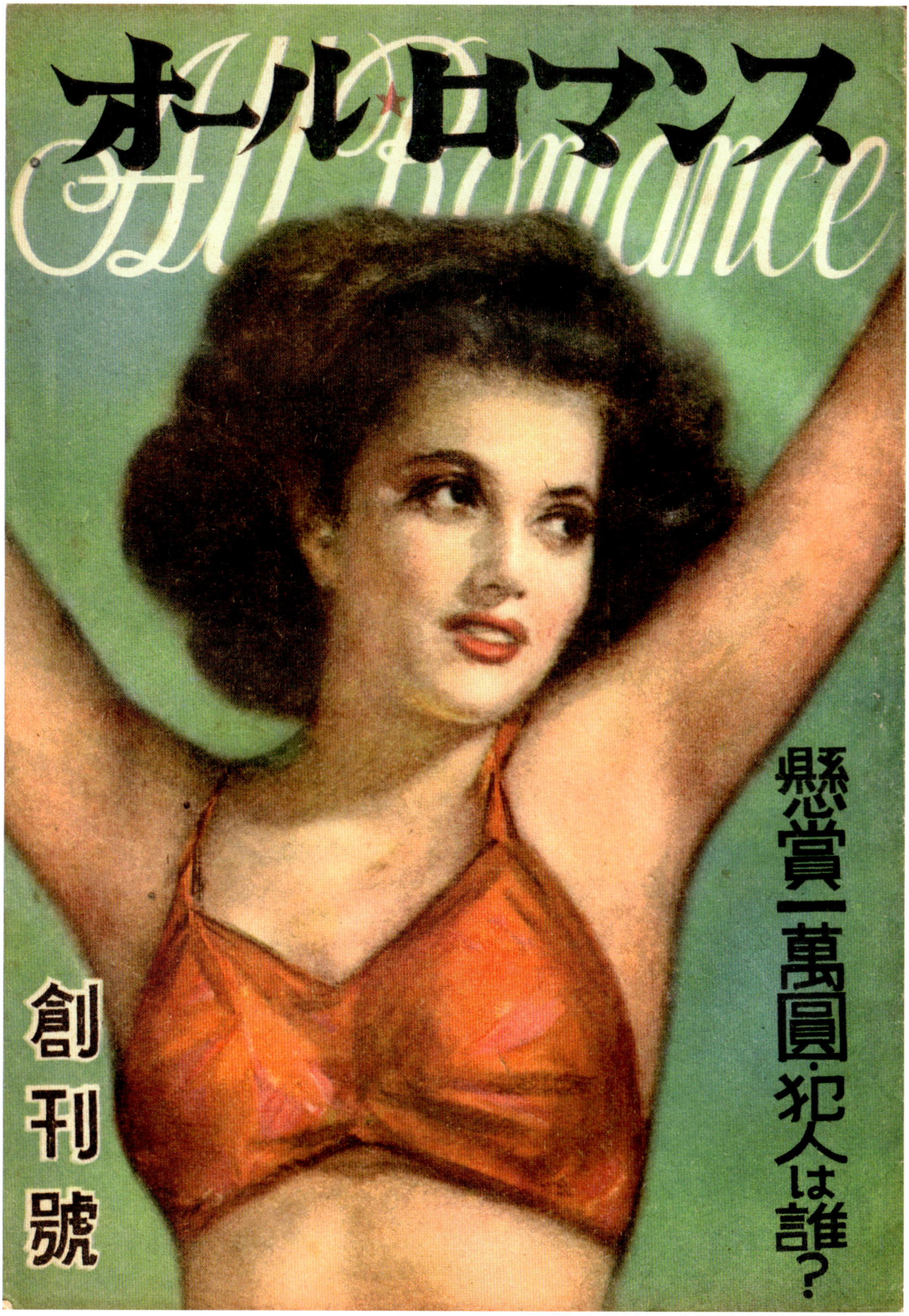

<<<<<<　オールロマンス　>>>>>>

昭和23年4月発行／36頁／20円
表紙装画・鈴木光／オールロマンス社

<<<<<　地獄　>>>>>

昭和23年４月発行／36頁／20円
表紙装画・宇野美彦／異人館

<<<<<<　ピンク　>>>>>>

昭和23年４月発行／36頁／25円
表紙装画・三浦勝、浜田稔／ピンク社

<<<<<　ユニーク　>>>>>

昭和23年４月発行／26頁／18円
新樹書房

<<<<<　猟奇読物　>>>>>

昭和23年４月発行／36頁／25円
耽美社

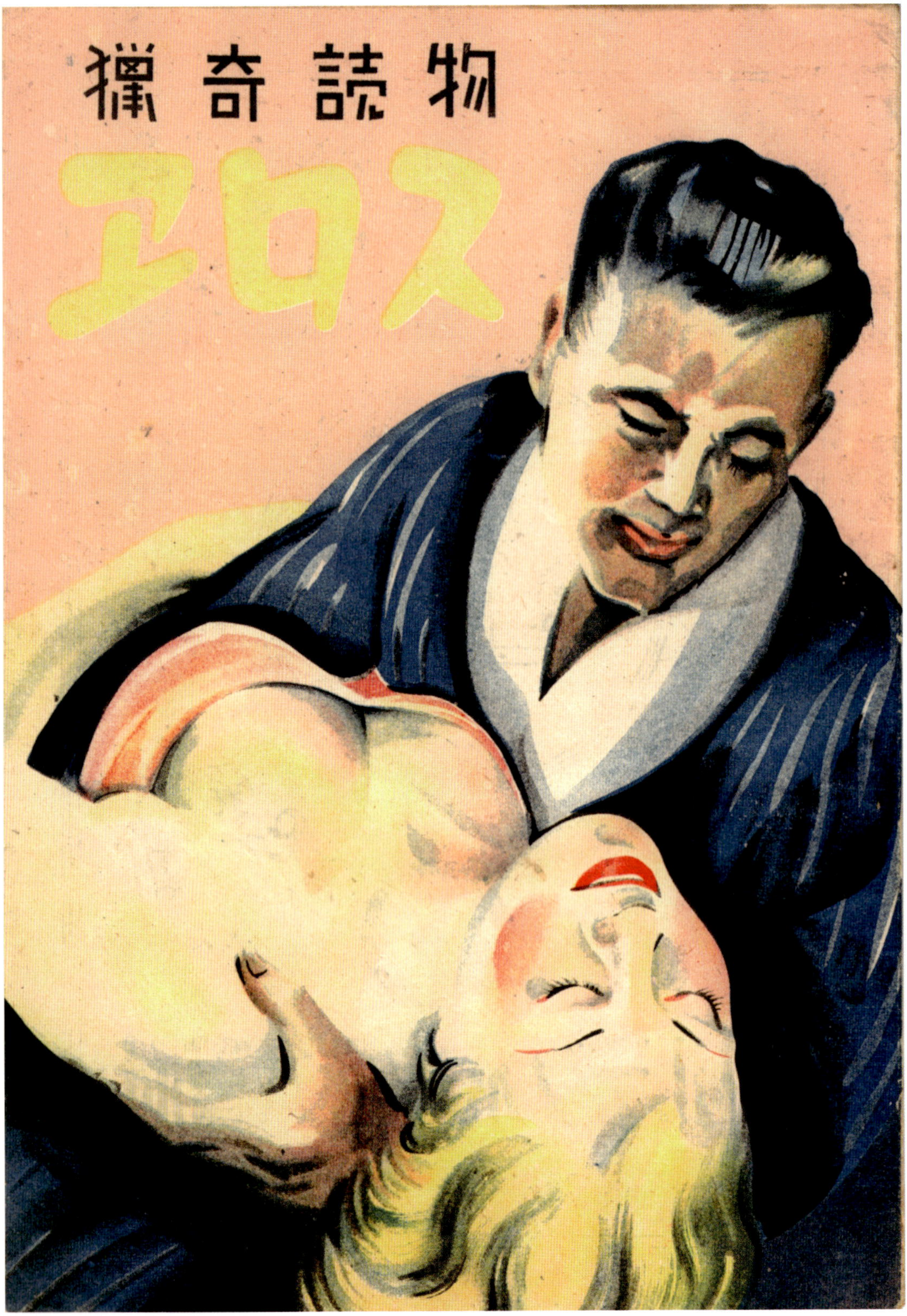

<<<<<　エロス　>>>>>

昭和23年５月発行／36頁／25円
朝日出版社

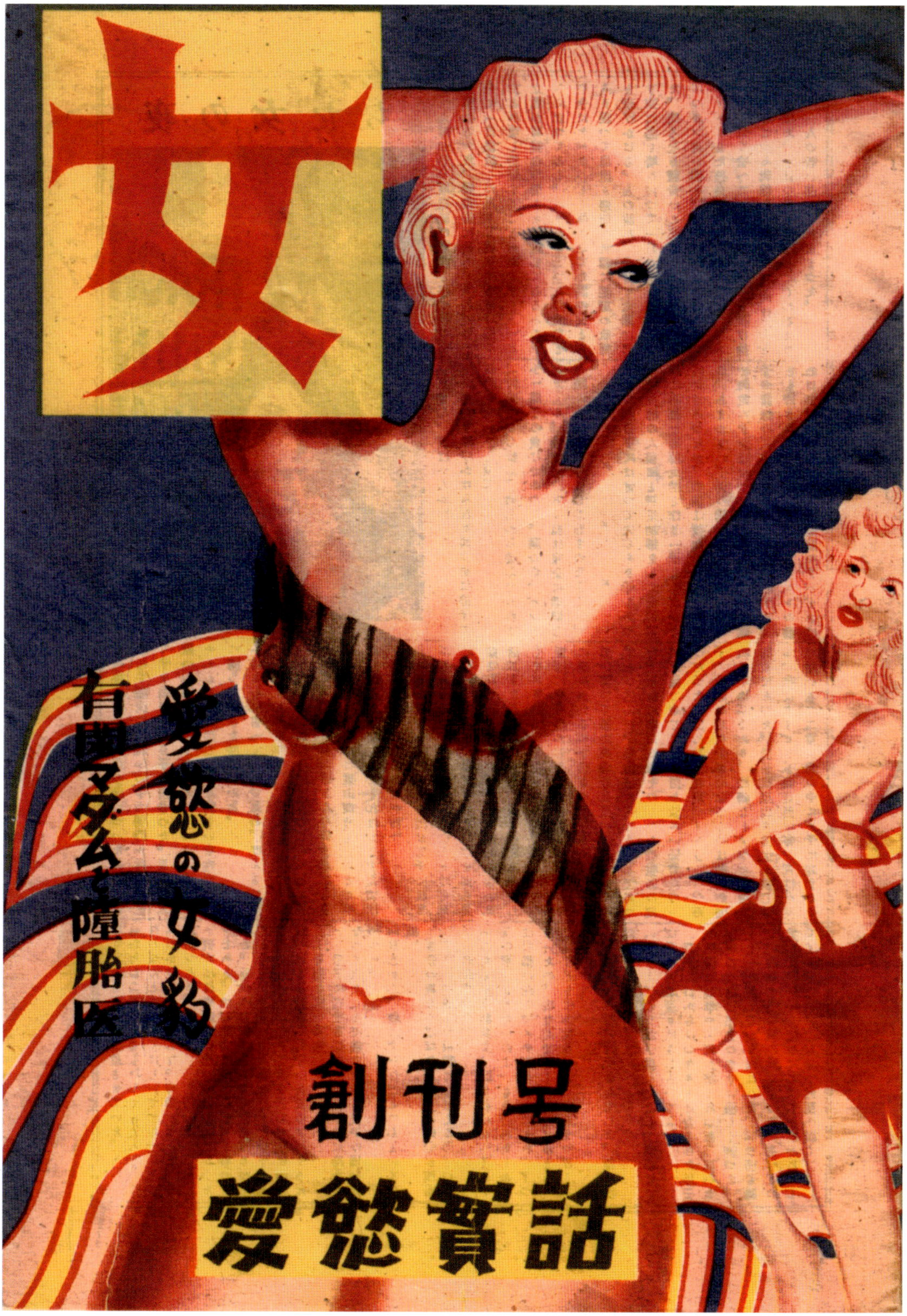

<<<<<　女　>>>>>

昭和23年５月発行／36頁／25円
表紙装画・山本謙三／女社

<<<<<　カーニバル　>>>>>

昭和23年５月発行／40頁／30円
表紙装画・高野三三男／石狩書房

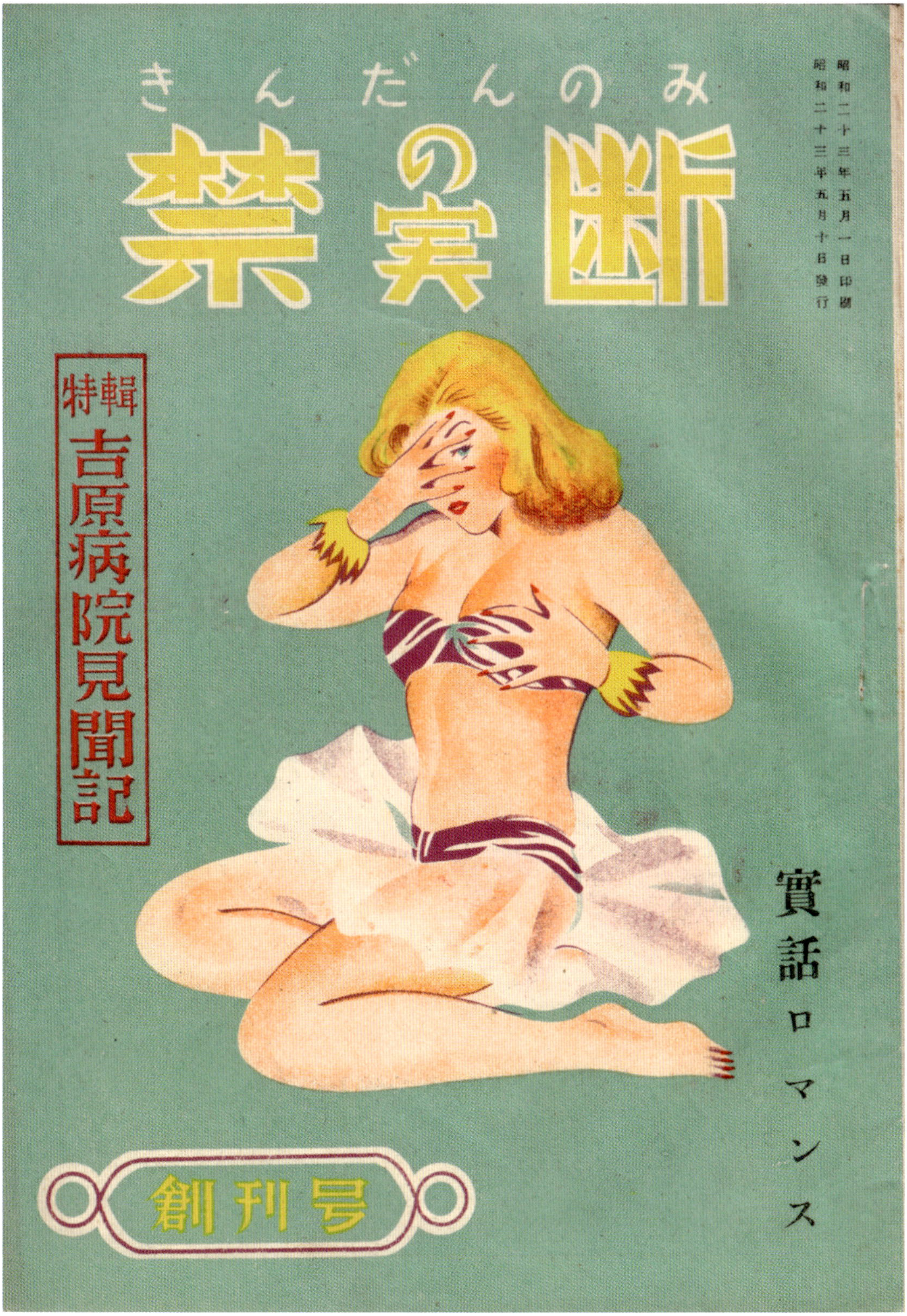

<<<<<　禁断の実　>>>>>

昭和23年５月発行／32頁／27円
片岡元治

<<<<<　幸福の友　>>>>>

昭和23年5月発行／36頁／28円
表紙装画・山野圭／新風社

<<<<<　ハッピイ　>>>>>

昭和23年５月発行／44頁／30円
表紙装画・月田孝／異人館

<<<<<　**摩天楼**　>>>>>

昭和23年5月発行／40頁／25円
表紙装画・赤木春人／西銀座書房

<<<<<　アベック　>>>>>

昭和23年6月発行／36頁／25円
表紙装画・須川久米雄／アベック社

<<<<<　うら・おもて　>>>>>

昭和23年6月発行／20頁／20円
銀柳書房

<<<<<　エンゼル　>>>>>

昭和23年6月発行／36頁／30円
表紙装画・中田龍次／北青社書房

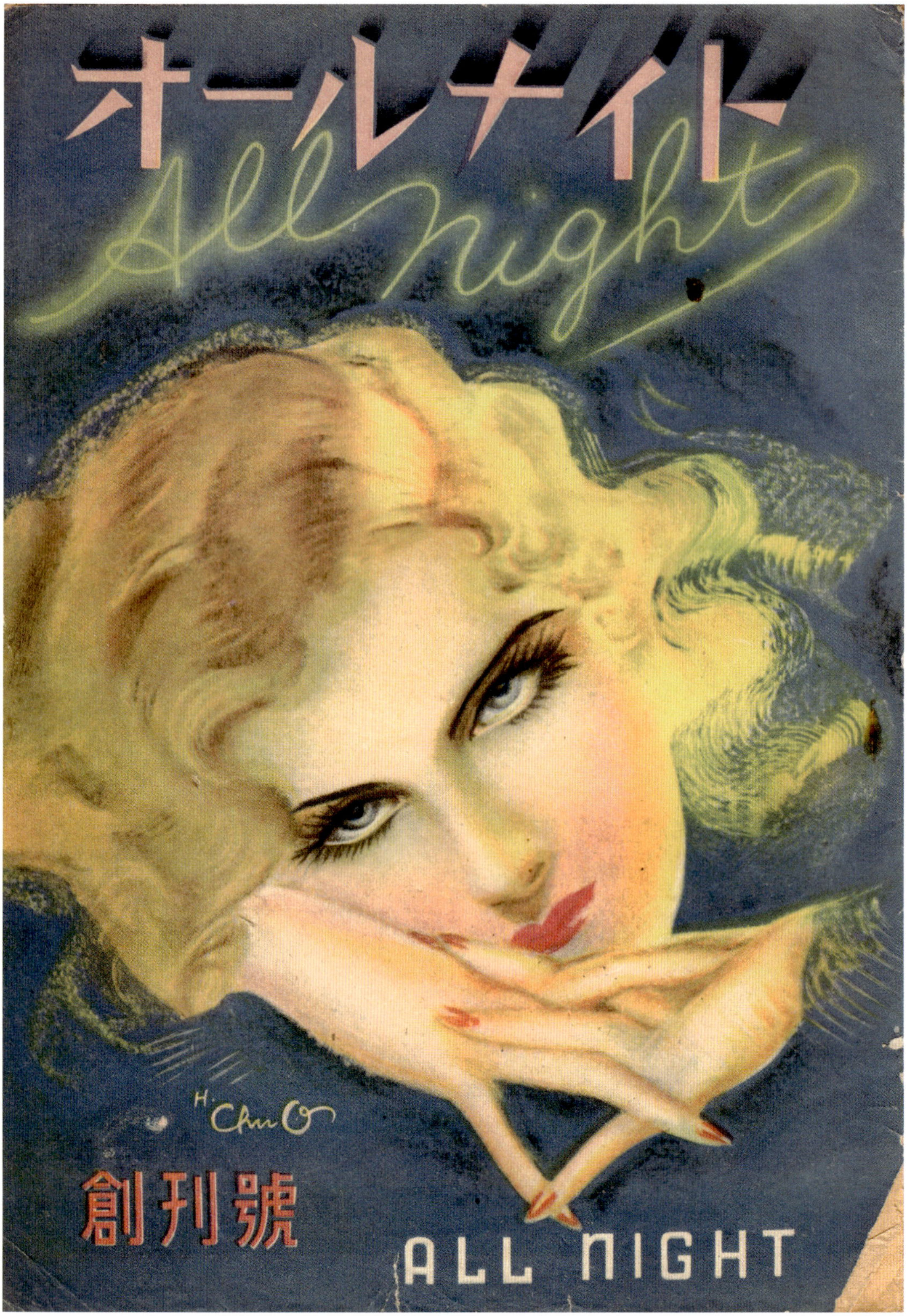

<<<<<　オールナイト　>>>>>

昭和23年６月発行／38頁／30円
耽美社

<<<<<　綺談　>>>>>

昭和23年6月発行／56頁／25円
表紙装画・富永謙太郎／石神書店

<<<<<<　新青春　>>>>>>

昭和23年6月発行／36頁／25円
三國書房

<<<<<　青春時代　>>>>>

昭和23年6月発行／36頁／25円
セブンスター社

<<<<<<　世界の女　>>>>>>

昭和23年6月発行／36頁／30円
表紙装画・山本謙三／パリ書房

<<<<<<　千一夜　>>>>>>

昭和23年6月発行／44頁／30円
明星社

<<<<<<　天国　>>>>>>

昭和23年6月発行／36頁／25円
新興文芸社

<<<<<　ふれっしゅ　>>>>>

昭和23年６月発行／36頁／25円
表紙装画・井上周士／近畿出版

<<<<<　ラブファン　>>>>>

昭和23年６月発行／40頁／30円
表紙装画・狭間寿郎／双葉社

<<<<<　一流　>>>>>

昭和23年7月発行／36頁／27円
パレス社

<<<<<　動く小説と実話　>>>>>

昭和23年７月発行／34頁／28円
クラブ社

<<<<<　オール大衆　>>>>>

昭和23年7月発行／36頁／30円
表紙装画・清水和邦／朝日出版社

<<<<<　コーラス　>>>>>

昭和23年７月発行／40頁／30円
表紙装画・石井治／民生本社

＜＜＜＜＜　小説世界　＞＞＞＞＞

昭和23年７月発行／46頁／35円
表紙装画・硲伊之助／北光書房

<<<<<　鏡　>>>>>

昭和23年8月発行／60頁／35円
鏡書房

<<<<<　たのしみ　>>>>>

昭和23年８月発行／36頁／30円
総合文庫

<<<<<　**読物と実話**　>>>>>

昭和23年9月発行／52頁／35円
耽美社

<<<<<<　エンゲージ　>>>>>>

昭和23年10月発行／40頁／30円
表紙装画・大久保実雄／東京都結婚補導協会

<<<<<　三道楽　>>>>>

昭和23年10月発行／42頁／35円
表紙装画・山本忠／文化事業社

<<<<<　パッション　>>>>>

昭和23年10月発行／36頁／35円
表紙装画・杜秀夫／新実話新聞社

<<<<<　モダン小説　>>>>>

昭和23年10月発行／90頁／70円
モダン画報社

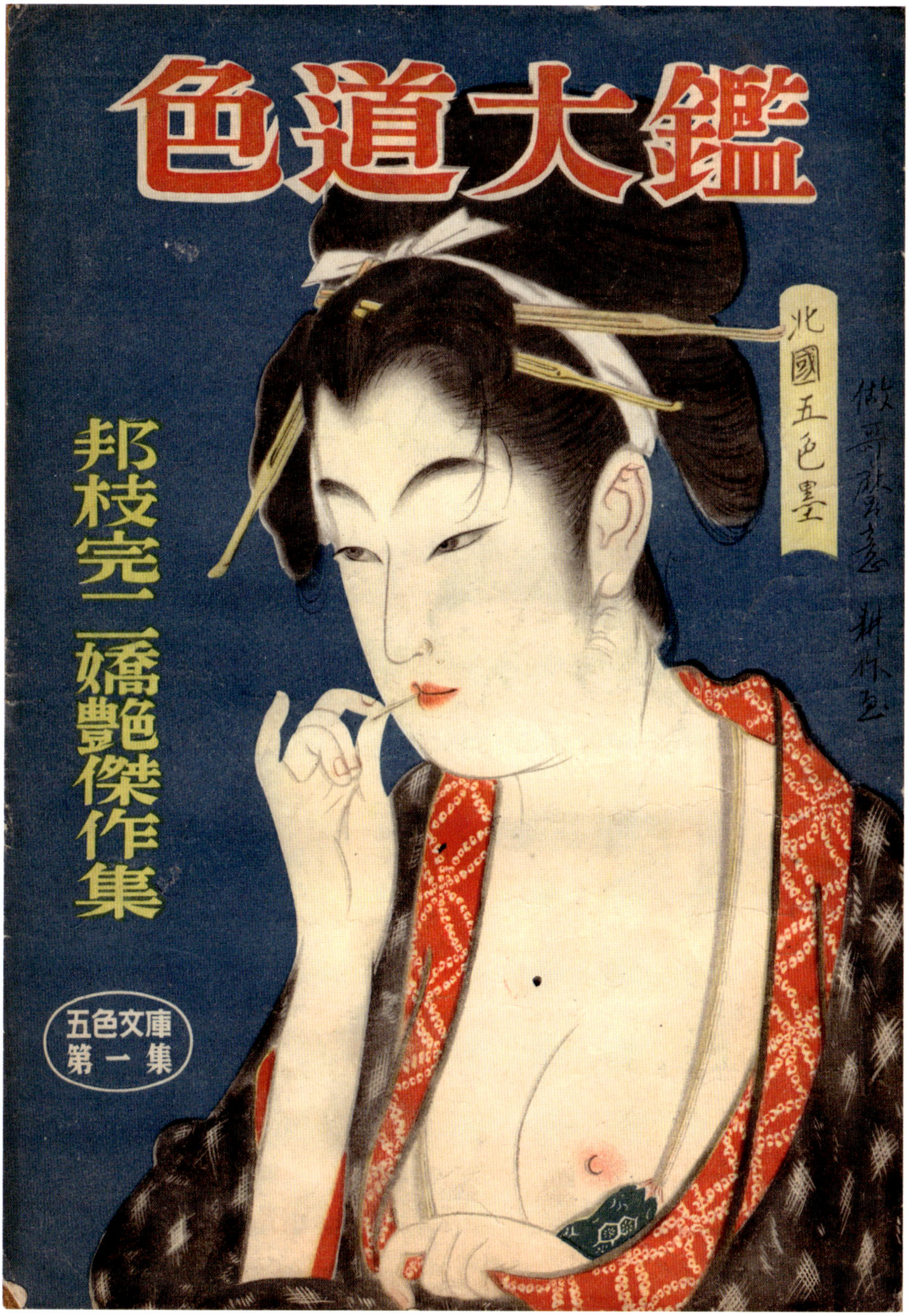

<<<<<　色道大鑑　>>>>>

昭和23年11月発行／56頁／49円
表紙装画・野崎耕作／五色文庫

<<<<<　第一読物　>>>>>

昭和23年12月発行／54頁／45円
表紙装画・嶺田弘／雄鶏社

カストリ雑誌と阿部定

阿部定は、昭和11年に荒川区尾久の花街で情夫・石田吉蔵を腰紐で絞め殺した後、性器を切り取り逃走を図った女である。犯行から2日後に逮捕されるまで男性器を肌身離さず持ち歩いたこと、2万枚配られた指名手配の写真に映る外見は猟奇的な殺人犯人におよそ似つかわしくない妖しげな美貌であったこと、ばかりか逮捕時には新聞社のカメラマンに笑顔を向けるなど奇行を演じたこと等から、事件発生からその顛末まで当時の新聞で大々的に報道され、一躍時の人になった女である。

殺人および死体損壊罪の有罪判決を受けて懲役6年を言い渡された定は、模範囚として監獄の中で過ごし、昭和16年には恩赦により短縮された刑期で出所。一般男性と結婚し、戦後を迎えた。新しい人生を歩もうと埼玉県に隠棲していた定だが、ある切っ掛けから、再び衆目に曝される存在となる。その切っ掛けをつくったのは、他でもないカストリ雑誌やその出版社である。

昭和21年10年に創刊され、またたくまに2万部を売り切ったカストリ雑誌『猟奇』が火をつけたカストリ雑誌ブームや、昭和21年8月に発覚した小平事件など、猟奇的な事件を扱う雑誌が世間の耳目を集めていた世相を背景として、戦後の阿部定リバイバルとも言うべきブームが起き、事件を材に取った作品が相次いで出版されることになる。

昭和22年3月『妖婦』（織田作之助）を皮切りに、『愛慾に泣きぬれる女 あべさだの辿った半生』（冬木健、国際書房）、同6月『お定色ざんげ』（木村一郎、石神書店）、同8月『阿部定行状記』（鮒橋正一、紅書房）など、昭和22年の短期間に4タイトルが相次いでリリース。

同じ年の7月、『お定色ざんげ』を定は日本橋人形町の書店で偶然見かけることになる。

本書の広告にはこうある。

「秘められた昭和好色一代女お定の愛欲情炎秘史、……脂の乗った中年女の爛れた性欲生活を、なんの飾り気もなく告白したお定の公判廷記録を基礎として描いた事実小説！ 燃ゆる情欲の焔に包まれて、楽しく殺されていく吉蔵！ 『俺もあんな女と一晩でも』、その当時、誰れもが漏らした言葉」

内容は定の供述書を元にして創られた情痴的なストーリーで、ノンフィクションを標榜しながら、男性目線のポルノで歓心を買おうとするのは現代のその手の読み物と変わるところはない。隠棲して第二の人生を送りたいと願っていた定からすれば、この内容に立腹したのは無理もなかった。

この『お定色ざんげ』を発行していたのは岐阜市柳ヶ瀬にあった石神書店で、昭和22年8月にカストリ雑誌『オール猟奇』を創刊、刑法１７５条の適用を度々受け、官憲の目をごまかすためか『オールナイト』『リーベ』と改題もしくは廃刊創刊を繰り返してカストリ雑誌の刊行を続けた。

同社は上記2誌以外にも『綺談』『猟奇読物』『夜話』などを並行して発行する、いわばカストリ雑誌の総合商社とも言える出版社である。

定は東京地裁に同社社長と著者・木村一郎を相手取って訴えるが、相手は数枚も上手《うわて》で、告訴を逆手にとって「阿部定さんが訴え、今や日本的話題？」などと広告を展開、加えて著者・木村の反論記事を『オール猟奇』に載せるなど一連の騒動を利用し、『お定色ざんげ』は発行から2ヵ月で10万部（自称部数）を超える。

こうしたドタバタは阿部定リバイバルに油を注ぐことになってしまい、再び好奇の視線に曝されることになる。その後の定は、世間の誤解を晴らそうと『阿部定手記』を発表したり、懇意になった長田幹彦が脚本を担当した劇で主演女優を演じ、全国巡業するがこれも頓挫。

晩年もバーのホステスや、料亭の仲居など、客寄せパンダとして利用された定は、周囲に翻弄され続けた人生を送っている。

江戸時代から4代続く神田の畳屋である裕福な家庭に明治38年に生まれた定。

裕福とはいえ、職人の家庭環境は教育に熱心とはいえず、むしろ若い男性職人が多いこの町では、早熟な子供が多かった。

三味線や常磐津を習い、着道楽を幼少から仕込まれ、乳母日傘で育った定は、神田ッ子特有の派手好き、見栄っ張りな母親の気質も受け継ぐことになる。

高等小学校に進むも学校嫌いが続き、入り浸っていた友人宅の二階で学生に貞操を奪われ自暴自棄となった15歳の定は、自宅の金を持ち出しては、エンコ（浅草公園）で活動写真館を観たり、不良仲間とつるんで遊び暮らす日々が1年続いた。

17歳で芸者の道に入ってからは、大阪・飛田遊廓や名古屋・中村遊廓などの遊女、神戸で高級淫売（愛人）など娼婦業に身をやつす。

30歳になった定はようやく更生を志し、仲居として地道に働こうと就いた料亭で知り合ったのが、情夫・石田吉蔵である。

定が心を入れ替えなければ、事件を起こすこともなく、運命にさえ翻弄されている。

石田を殺める直前の時期に入り浸った待合で料理を前に定は言う。

昭和十一年五月十九日

尾久待合のグロ殺人

流連七日目の朝の惨劇

妖艶・夜會髷の年増美人

四十男を殺して消ゆ

變態！急所を切取り敷布と脚に

謎の血文字「定吉二人キリ」

現場の見取圖と その部屋（×）

昭和11年5月19日の読売新聞より。事件発覚当初の報道。現場の見取り図が生々しい。その美貌と猟奇性のコントラストが、世間を賑わせた。

定「本当に惚れ合うと、椎茸やお刺身を前に付けて食べるんだってね」

石田「俺だってしてやるよ」

吸い物から取り出して定の陰部に押しつけた椎茸を、石田は平らげた。

息が詰まるほど石田を抱きしめた定「誰とでも良いことをしないように殺しちまおうかしら」

石田「お前のためなら死んでやるよ」

このシーンは阿部定事件を材に取った大島渚監督『愛のコリーダ』でも再現されている。性欲に溺れる恋人同士の戯れに過ぎないとも取れるが、不倫相手の定からすれば、吉蔵がいずれ妻の元へ帰ってしまうことを常に恐れ、そして相手の愛情を試す行為がさらなる情欲の昂進に繋がった。

嫉妬と情欲の高まりは、定を一つの方向へと背中を押す。

その晩、定は吉蔵の首を腰紐で締め殺した――。そして、吉蔵の陰茎と陰嚢を切り取り、その血で石田の左ももと敷布にこう描いた。

「定吉二人キリ」

(第三種郵便物認可)　昭和十一年五月二十一日　讀賣新聞

妖女"阿部定"遂に捕る

品川驛前旅館に僞名で宿泊中

"エ、私はお尋ね者よ"

刑事の前にニヤリ笑ふ

情痴の果て·愛の獨占の兇行

生駒山上 自殺行の前

昭和11年5月21日の読売新聞より。逮捕を伝える記事。悪びれる様子もなくニヤリ。

逮捕後、その時の心境を定はこう供述する。

「私は石田を殺してしまうとすっかり安心して、肩の荷が下りたような感じがして、気分が朗らかになりました」

情痴の限りを尽くし、絞殺した情夫の性器を損壊したことから、現在でも定はいわゆる変態性欲者あるいは倒錯者と誤解している人も多いが、事件の精神鑑定では倒錯性はないと証明されている。

首締めや損壊もそれ自体に性的快感を求めたものではなかった。

愛するがゆえ――。

定と吉蔵が出会って、約2週間後、昭和11年2月26日に発生したのがいわゆる二・二六事件である。昭和維新を目指す青年将校22名に率いられた1400名の兵によって起きたクーデターは未遂に終わったが、結果、軍部の発言が強まり、翌年昭和12年には日中戦争に突入、太平洋戦争へと続く泥沼の戦時下体制へと突き進む切っ掛けをつくった事件である。

この時期、吉蔵と既に不倫関係にあった定の述懐はこうである。

「折さえあれば抱き合ったりキッスしたり、お乳をいじってもらったりしていました」

その後の日本人の運命を決定づけた国家の一大事も、定にとって遠い出来事でしかなかったのか。

昭和49年、75歳のとき失踪。一人の男との愛と情欲に生きた女、定の消息は今も知られていない。

※本文中の定の発言などは、定本人の供述とされる『予審訊問調書』に依拠した。

ものがたり
昭和23年

戦後の新宿。物資は増えてきたが、まだ貧しい時代。復員した高橋繁は職を求め駅前に立っていた。

作　對間じん

——小荷物御届、伝達、承り〼

木目の板に筆書きで書いた看板を出して、高橋繁《しげる》は京王電鉄線、新宿駅の前に長いコートを着て立っていた。

繁は去年の夏に復員した。嫁のきんに電報をうち無事に東京で会えた時——繁は泣いた。きんと会えた後、一ヶ月ほどはのんべんだらりと過ごしただろうか。歩く道さえふわふわと感じ、草木や花を見てはこんなに綺麗なものだったのかと感動した。

そしてその後、なにをすればよいか

——わからなくなった。

仕事をすればよいのである。戦前、繁はバスの運転手をしていた。バスで乗客を目的地まで乗せてゆく。たまに悶着もあったが繁はその仕事が楽しかった。

——もうその仕事は繁には出来ない。

考えた末、繁は木目の看板を持ち新宿駅に立った。客はもう自分には運べない、違うものを運ぼうと思った。きんの叔父の仁が金を貸してくれ自転車を買った。

仕事はあった。

餅を本郷まで運んでくれ、山田伝助が来たら浅草のホールにいると伝えてくれ、日銭にはなる。ある日、大八車の移動を助ける、押し屋の仕事がきた。繁は少し下を向くとコートから左手を出した。相手は頭を下げると立ち去った。——繁の左腕は肘から先がない。マレーで左腕を爆弾で飛ばされた。

初夏に開襟のシャツを着て初めて新宿駅に立った時、通行人にじろじろと見られ、足元に小銭を放る人間もいた。

——乞食ではない。

出征する時多くの人間が国旗を振り、万歳を繰り返した。あれはなんだったのか？　あれだけお国の為に、お国の為にと言った彼らはどこへ行ったのだ。どこか余所余所しい。

「ねえ、おじさん」

そう呼ばれた。洋装をした娘が立っていた。まだ二十歳過ぎだろう。口紅をして白粉《おしろい》をつけネッカチーフを巻き膝丈が見える長さのスカアトをはいている。なぜか大量の紙を紐でゆって持っている。パンパンだろうか？そんな事はないのかもしれない。今の娘には珍しくない。そんな事を考えるのは——「昔」だ。

「おじさんてぇ中野くわしいですか？」

中野には仁が住んでいるのでわかる。娘が言う場所まで紙をもっていって欲しいという。大量の紙は原稿用紙であった。

繁は紙の束とコートを自転車の籠に詰めた。

なぜか嬉しかった。何かを運ぶ事が好きなのだろう。娘の言われた場所に到着する。

「かはたれ書房」と看板があった。扉が開いて男が飛び出してきた。四十過ぎぐらいで髭を生やし髪の毛を後ろでゆっている。男は「おう」と言って原稿の束をひったくった。

「この原稿を待っていたのだよ。ありがとうありがとう、これは謝礼だ。」

言うが早いが男は「かはたれ書房」内に戻った。もらった謝礼の袋をあけると百円も入っている。

誰かに紙に書いたものを伝えること——情報を運ぶこと。

再び何かを運べるかもしれない。

繁はそう思った。

1949～

第4章 昭和24年～

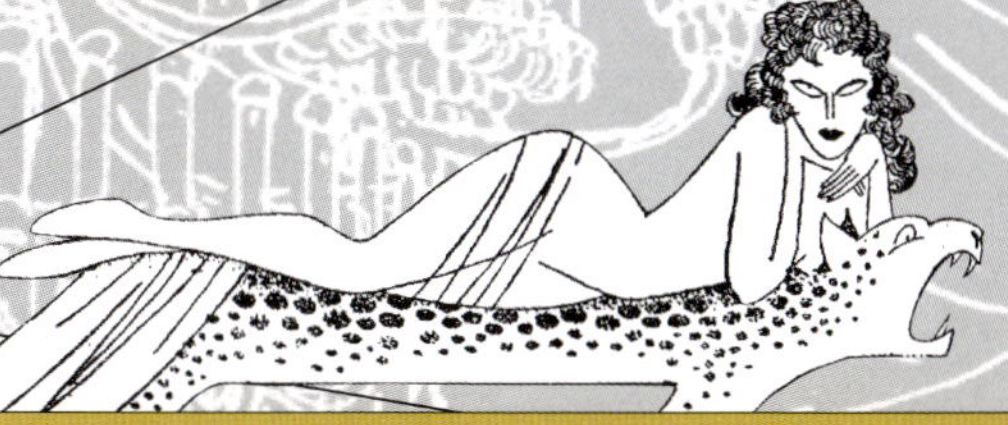

カストリ雑誌の最期

昭和24年に、中国共産党により中華人民共和国が成立。翌昭和25年の6月には朝鮮戦争が勃発。米ソの冷戦が深刻化していく。カストリ雑誌のブームが続く中、性を売りにしつつ、より洗練されて新時代の足音を感じさせる『夫婦生活』が創刊。これが大ヒットすることで、摘発と隣り合わせの危うい世界で刊行されてきたカストリ雑誌は時代遅れとなっていく。昭和24年から昭和25年にかけて、カストリ雑誌の創刊は急激に減少。役割を終えたかのように、消えていった。

主な出来事

湯川秀樹、ノーベル物理学賞
朝鮮戦争勃発
チャタレー事件

カストリ年表

昭和二十四年

1月 GHQ、日章旗の自由掲揚を許可
森永製菓、ソフトチョコレートを発売（20円）
2月 「スポーツニッポン」創刊
4月 東京証券取引所設立
6月 日本国有鉄道（国鉄）発足
7月 初代国鉄総裁の下山定則が失踪・死亡
9月 東京都内の露店約6,000軒の取り払いを決定
500円紙幣発行
11月 湯川秀樹、ノーベル物理学賞受賞

昭和二十五年

1月 聖徳太子の千円札が発行
3月 2リーグ制のプロ野球が開始
6月 電波三法が施行
朝鮮戦争勃発
伊藤整訳『チャタレイ夫人の恋人』押収、翌月に発禁となる
7月 浅香光代、女剣劇チラリズムで人気を博す
金閣寺（鹿苑寺）放火により焼失（当事件が水上勉『五番町夕霧楼』のモデルとなる）
8月 警察予備隊設置（自衛隊の前身）

昭和24年の物価

ウイスキー・554円（5月）／瓶入り牛乳・11円／銀行員初任給・3000円／国鉄入場券・5円
手紙郵便料金・8円（5月）／週刊朝日・15円（1月）、20円（4月）

<<<<<<　抱擁　>>>>>>

昭和24年４月発行／42頁／40円
表紙装画・狭間壽郎／ホーヨー社

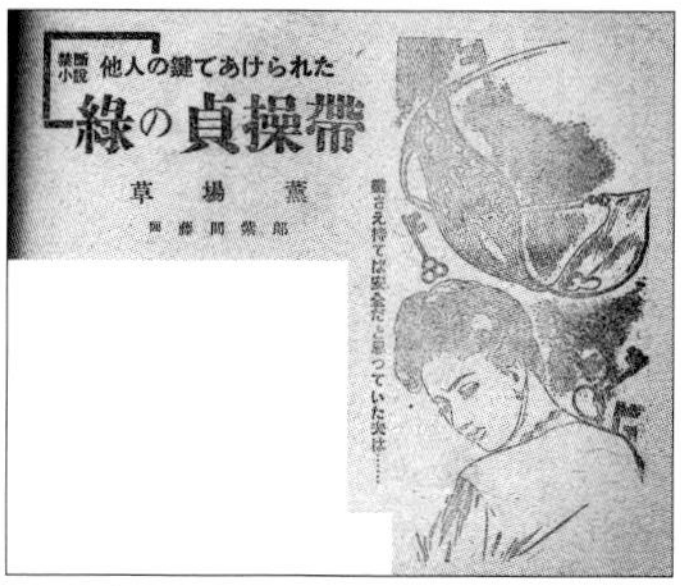

禁じられていたキスシーン

キスシーンが表紙の本誌。戦中の検閲制度の下では、キスシーンすら発禁対象となっていた。こうした濃厚なキスシーンが表紙を飾るカストリ雑誌が巷の本屋に溢れている様を見、「敗戦」を、そして「自由」を、体感した読者も多かったことだろう。

カストリ雑誌の扱う「性」が興味本位のものであれ、戦争で荒廃した大衆の心と身体を、いっとき癒やしていた。興味本位の性すら統制されていた戦中がいかに人間性を失わせる時代であったか、そのことをカストリ雑誌の表紙が軽薄なものであればこそ、教えてくれる。

収録されている「エロガール七態」は昨今流行りとされている淫らな婦女子たちを紹介したコント。七態の一つにパンパンガールが紹介されており、世相を反映した記事のようにも見えるが、こうしたコント記事は戦前からも多い。〝戦後を象徴する〟と紹介されがちなカストリ雑誌だが、その実、コンテンツは戦前出版の方法論に依っていた。

戦後の自由は、戦前の復古からスタートしている。

編集後記では「毎月確実に発行を続けて行くよう一切の準備が出来ていますから『抱擁』をお忘れないようお願い致します」と哀願。

雨後の筍の喩えどおり、多くのカストリ雑誌が創刊され、そして数号と続かず廃刊していった。あだ花の悲哀が、この一文からも伝わってくる。

1記事『川柳色談義』から。川柳「エロダンスまず風呂場で稽古」 2挿絵は西吾一なる人物によるもの。こうした無名の絵師が描いた画も味わい深い 3「貞操帯」もカストリ誌上で頻用される扇情的ワードだった 4「水商売女はどういう男を欲求するか」では芸者、娼妓、女中、女給、ダンサーの職業別に好みの男性像を紹介

<<<<<　夫婦雑誌　>>>>>

昭和24年８月発行／44頁／45円
泰平書房

1

2

カストリ雑誌末期に流行った夫婦モノ

戦後間もなくから巷に溢れ出してきたカストリ雑誌だったが、その隆盛に終わりを告げた雑誌は、昭和24年6月に創刊された「夫婦生活」である。B5判型だったカストリ雑誌の半分であるB6のコンパクトサイズに、ハウツーセックスの情報を盛り込んだ。

創刊号9万部が瞬く間に売り切れてしまったことから、類似誌「夫婦の生活」「結婚生活」「新夫婦」など〝夫婦モノ〟雑誌が濫造されることとなった。

本誌「夫婦雑誌」もその亜種と見られる一誌。

目次から拾うと、「接吻のアノ手・コノ手（生活をより愉しむために）」「嫉妬の強い妻への性愛技巧（妻に与える性の満足）」「美貌の叔母に姦淫された若き学生の手記」「身の上相談・初夜はどんな経過をふむのでしょう」など。

夫婦モノ雑誌の特徴として、読者が性の悩みを打ち明ける投稿記事、あるいはその悩みに医学の専門家が答える態をとった記事が多く、これらは警察の取り締まりを牽制するための便法に過ぎないが、本誌に収録された記事もまさにそうしたものである。

3

4

1有楽町の街娼。昭和22年、NHKのラジオ番組で有楽町の街娼、ラクチョウお時にインタビューをし、有楽町とそこを根城にする街娼たちは一躍有名になった　2不見転芸者（誰とでも寝る芸者のこと）の記事　3美貌の叔母に姦淫された学生の顛末記　4バンプ（妖婦）女優の読み物

<<<<< シャンデリア >>>>>

昭和24年1月発行／56頁／45円
ノーブル出版

<<<<<　文藝倶楽部　>>>>>

昭和24年1月発行／68頁／55円
表紙装画・志村立美／文藝倶楽部社

<<<<<　怪奇実話　>>>>>

昭和24年３月発行／40頁／40円
実話出版社

<<<<<<　社会探訪　>>>>>>

昭和24年４月発行／46頁／45円
社会探訪社

<<<<<<　新猟奇苑　>>>>>>

昭和24年４月発行／44頁／40円
新猟奇社

<<<<< ブラック >>>>>

昭和24年４月発行／36頁／40円
表紙装画・長良三平／文藝新社

<<<<<　好色文庫　>>>>>

昭和24年５月発行／36頁／60円
古典文学研究所

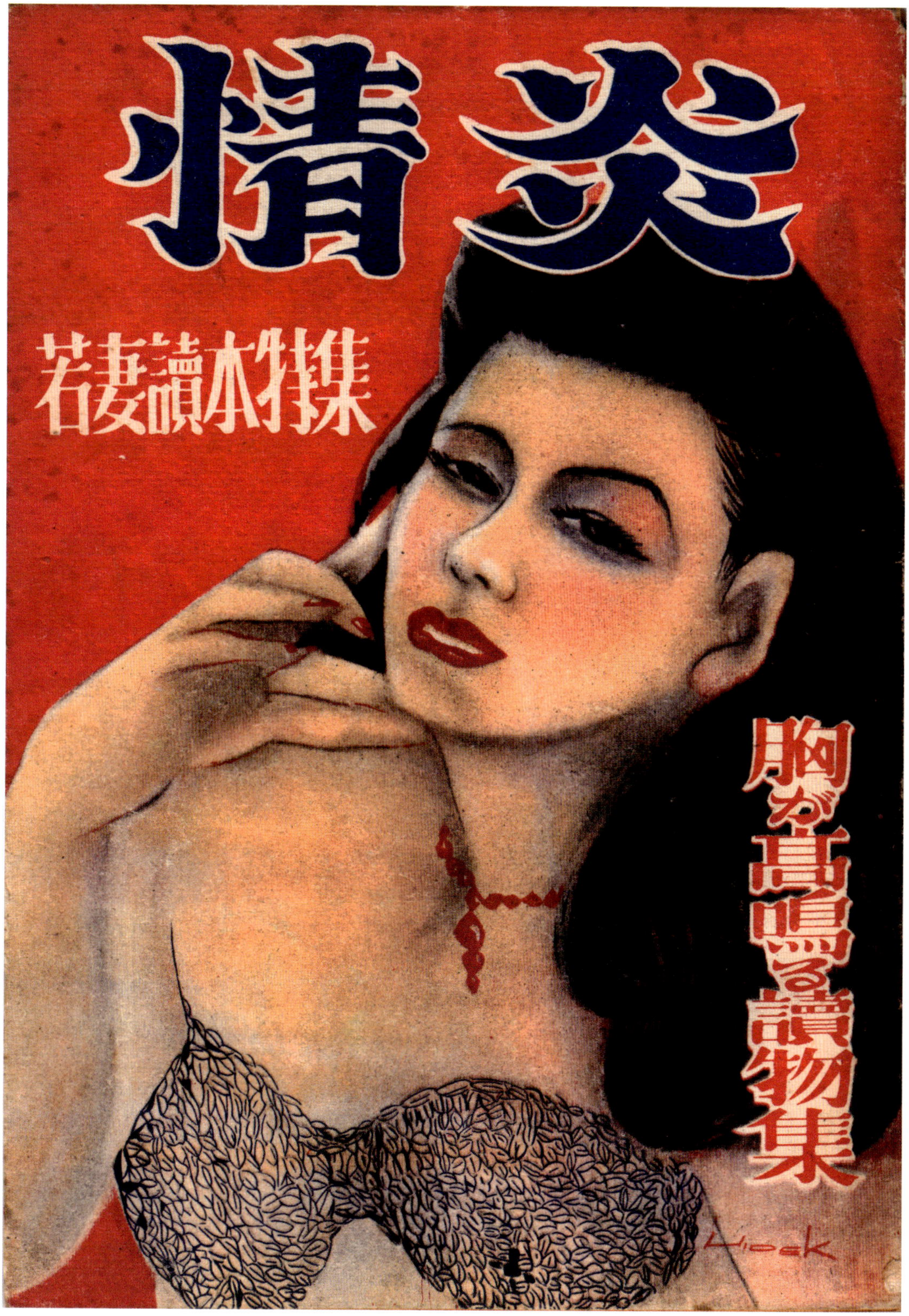

<<<<< 情炎 >>>>>

昭和24年5月発行／76頁／70円
金星社

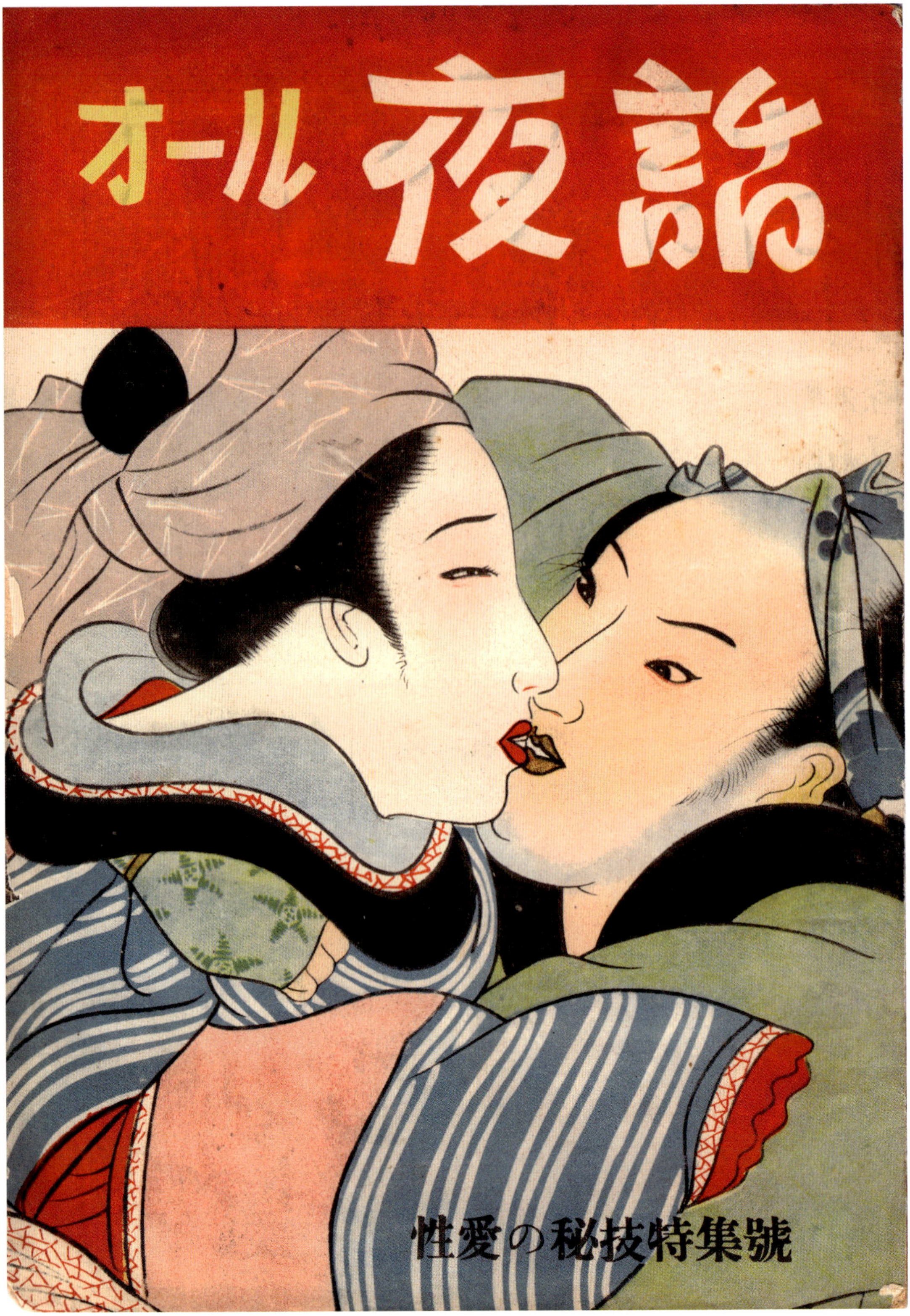

<<<<<　オール夜話　>>>>>

昭和24年７月発行／42頁／40円
緑文社

<<<<<<　東京ローズ　>>>>>>

昭和24年7月発行／52頁／45円
東京ローズ社

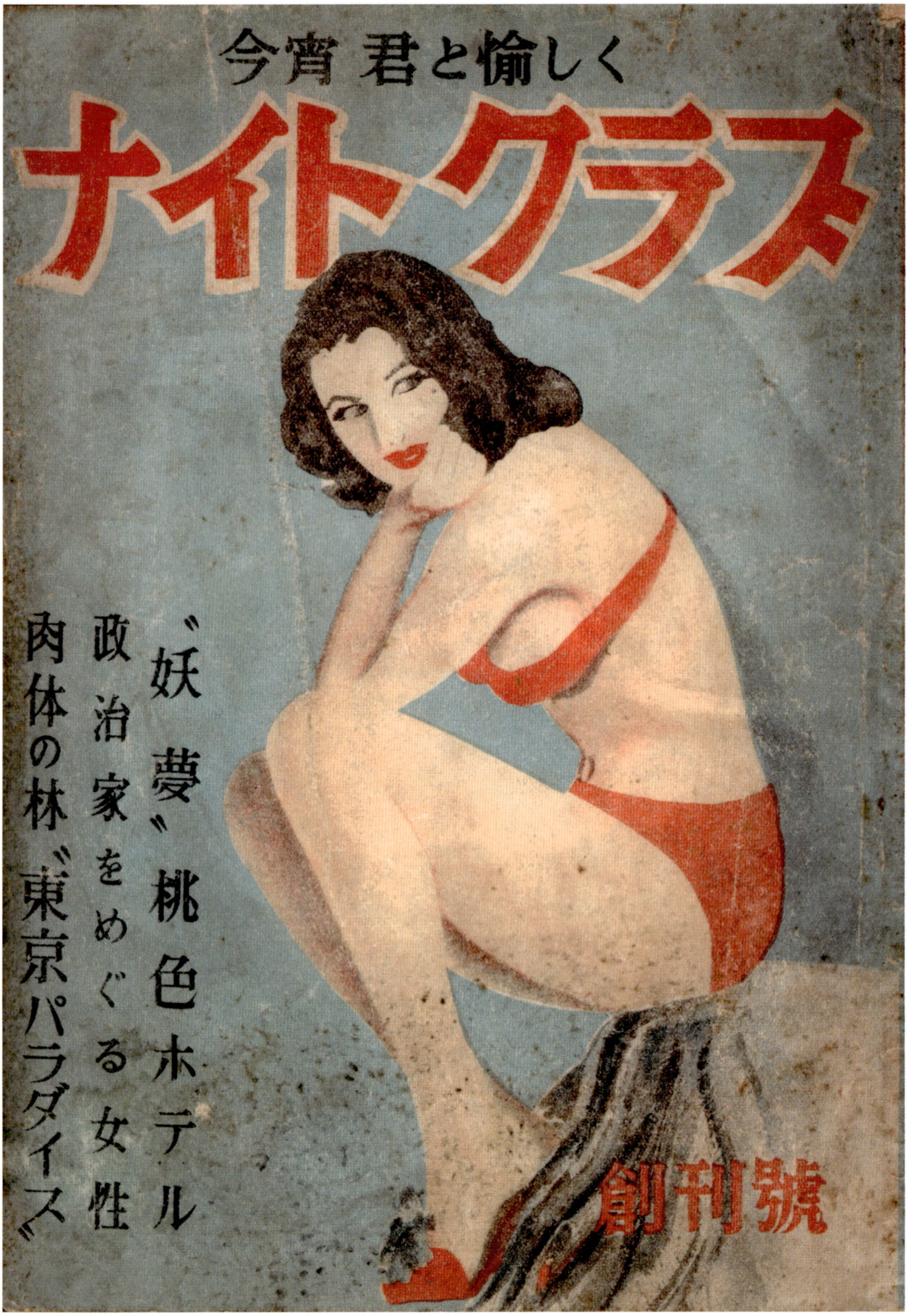

<<<<< ナイトクラブ >>>>>

昭和24年7月発行／36頁／35円
緑光社

<<<<<　ハロー　>>>>>

昭和24年7月発行／52頁／50円
表紙装画・月田孝／ハロー社

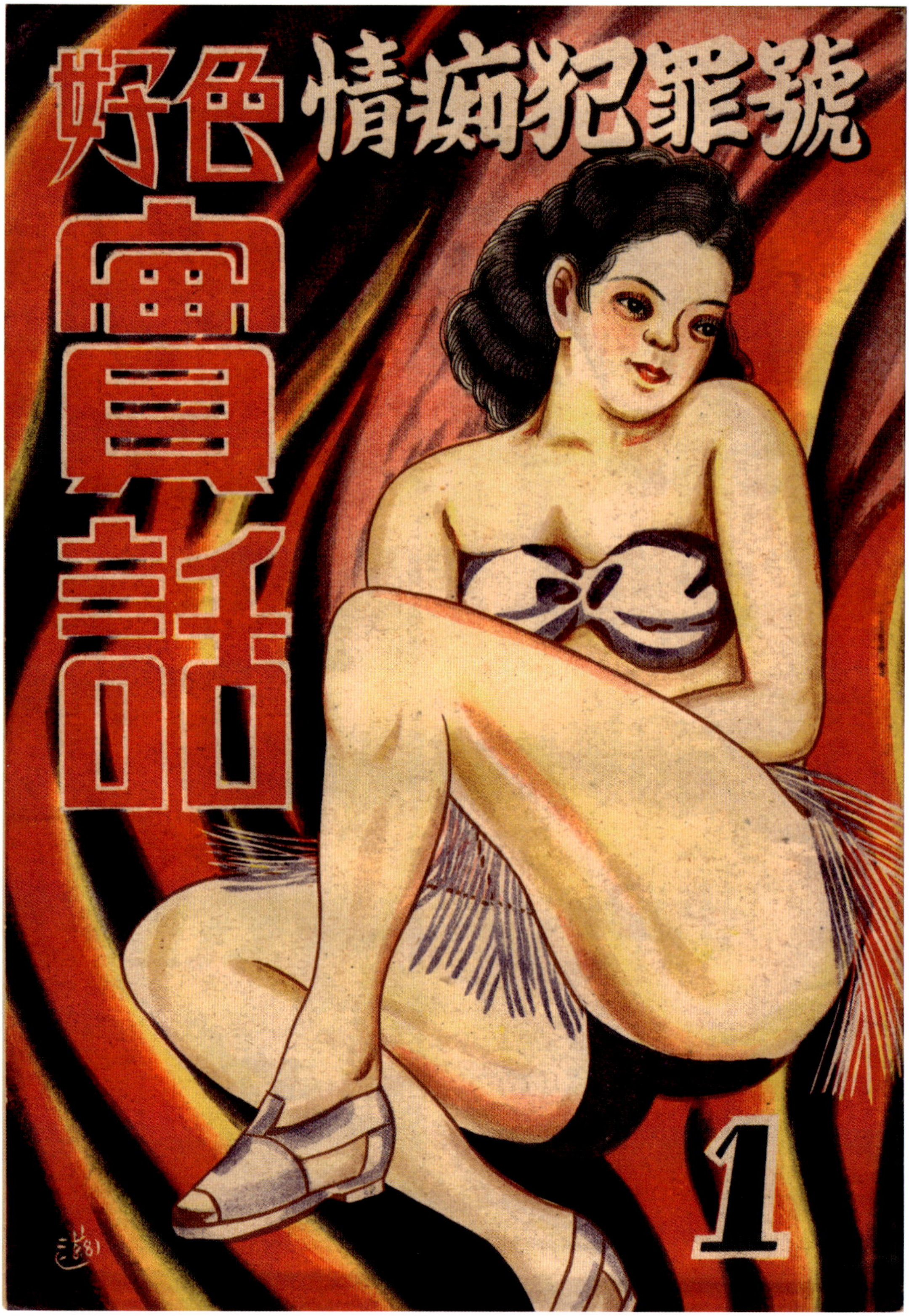

<<<<< 好色実話 >>>>>

昭和24年８月発行／36頁／30円
表紙装画・佐藤○和（一部判読不能）／ミモザ館

<<<<<　幸福の泉　>>>>>

昭和24年８月発行／36頁／35円
緑光社

<<<<<　赤裸々　>>>>>

昭和24年８月発行／46頁／45円
表紙装画・狭間壽郎／栄光社

<<<<<　東京クラブ　>>>>>

昭和24年8月発行／52頁／60円
東京クラブ社

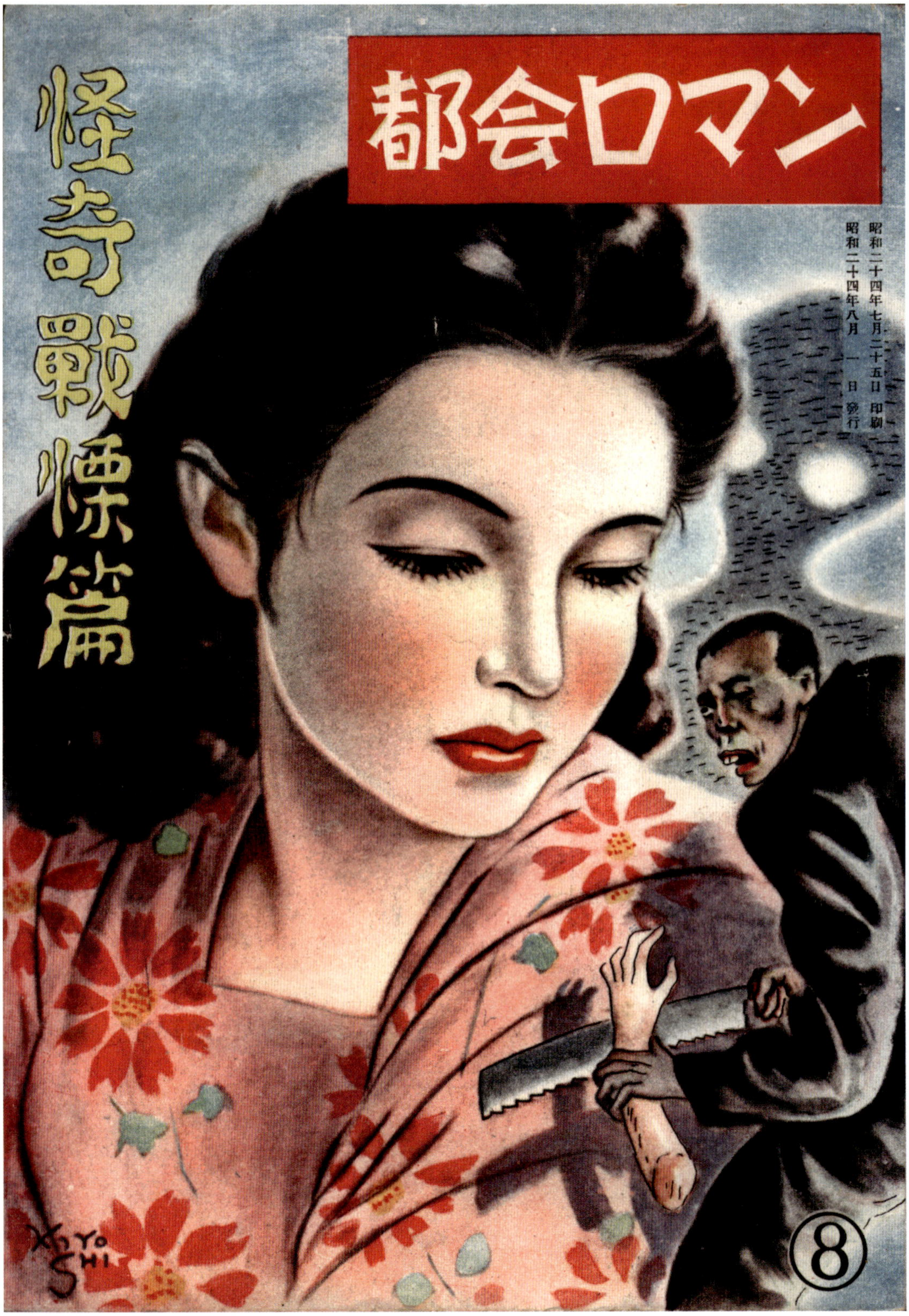

<<<<<<　都会ロマン　>>>>>>

昭和24年８月発行／76頁／65円
南潮社

<<<<<　妖奇読物　>>>>>

昭和24年８月発行／36頁／50円
表紙装画・加藤一志／国際文化出版部

<<<<<　妖婦　>>>>>

昭和24年8月発行／36頁／50円
国際文化出版部

<<<<< 愛慾奇譚 >>>>>

昭和24年９月発行／52頁／50円
北国図書出版社

<<<<<　好色読本　>>>>>

昭和24年９月発行／52頁／50円
多田仙太郎

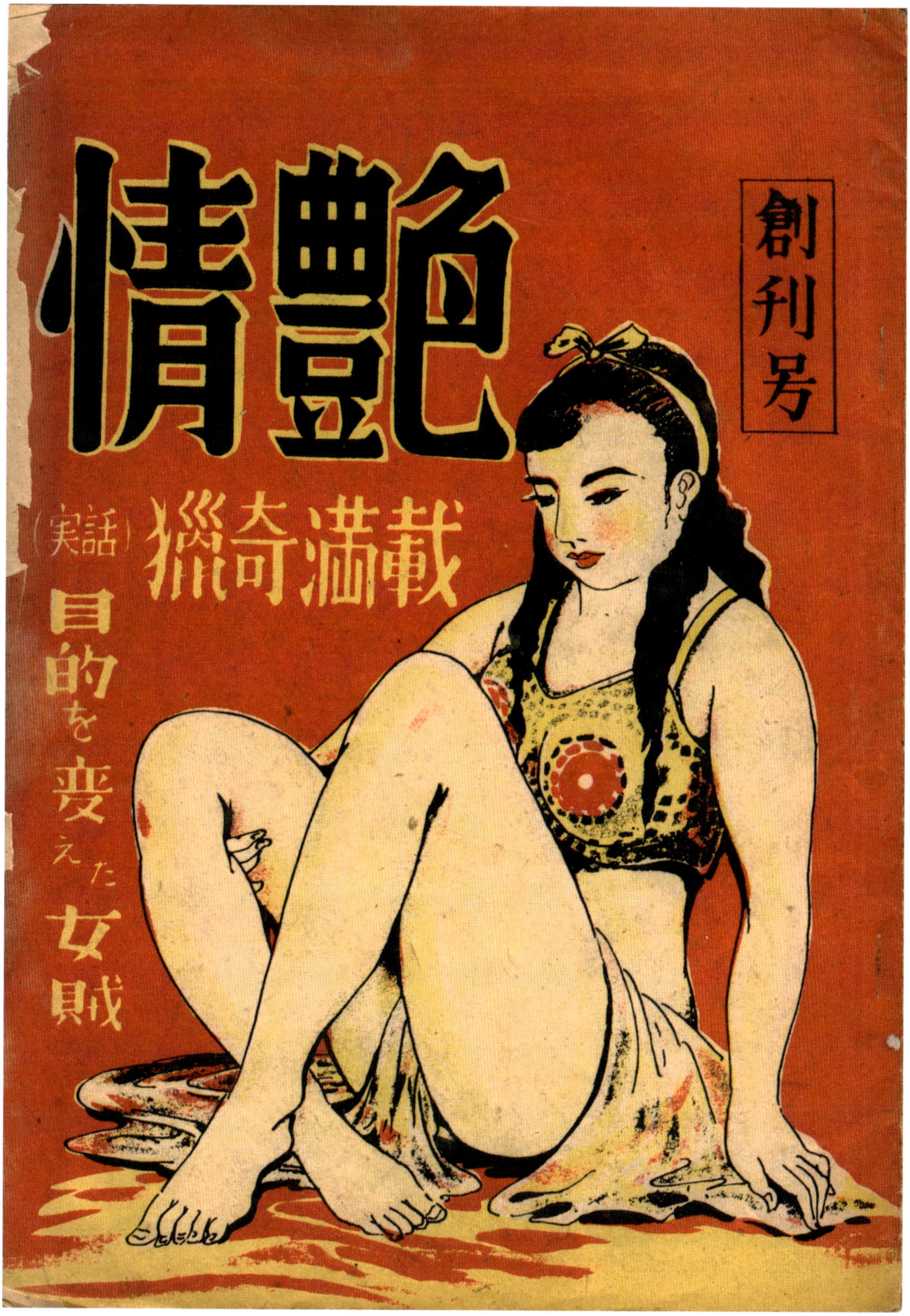

<<<<<　情艶　>>>>>

昭和24年9月発行／36頁／50円
章町出版社

<<<<<<　**情熱**　>>>>>>

昭和24年9月発行／58頁／60円
大阪出版社

<<<<<　モデル　>>>>>

昭和24年９月発行／44頁／40円
表紙装画・浦まさる／出版社モデル

<<<<<< 歓楽の泉 >>>>>>

昭和24年10月発行／48頁／50円
栄光社

<<<<<　情話界　>>>>>

昭和24年10月発行／36頁／50円
紫煙社

<<<<<< **情話読物** >>>>>>

昭和24年10月発行／88頁／80円
紫煙社

<<<<<　新漫画　>>>>>

昭和24年10月発行／52頁／50円
表紙装画・六浦光雄／桃園書房

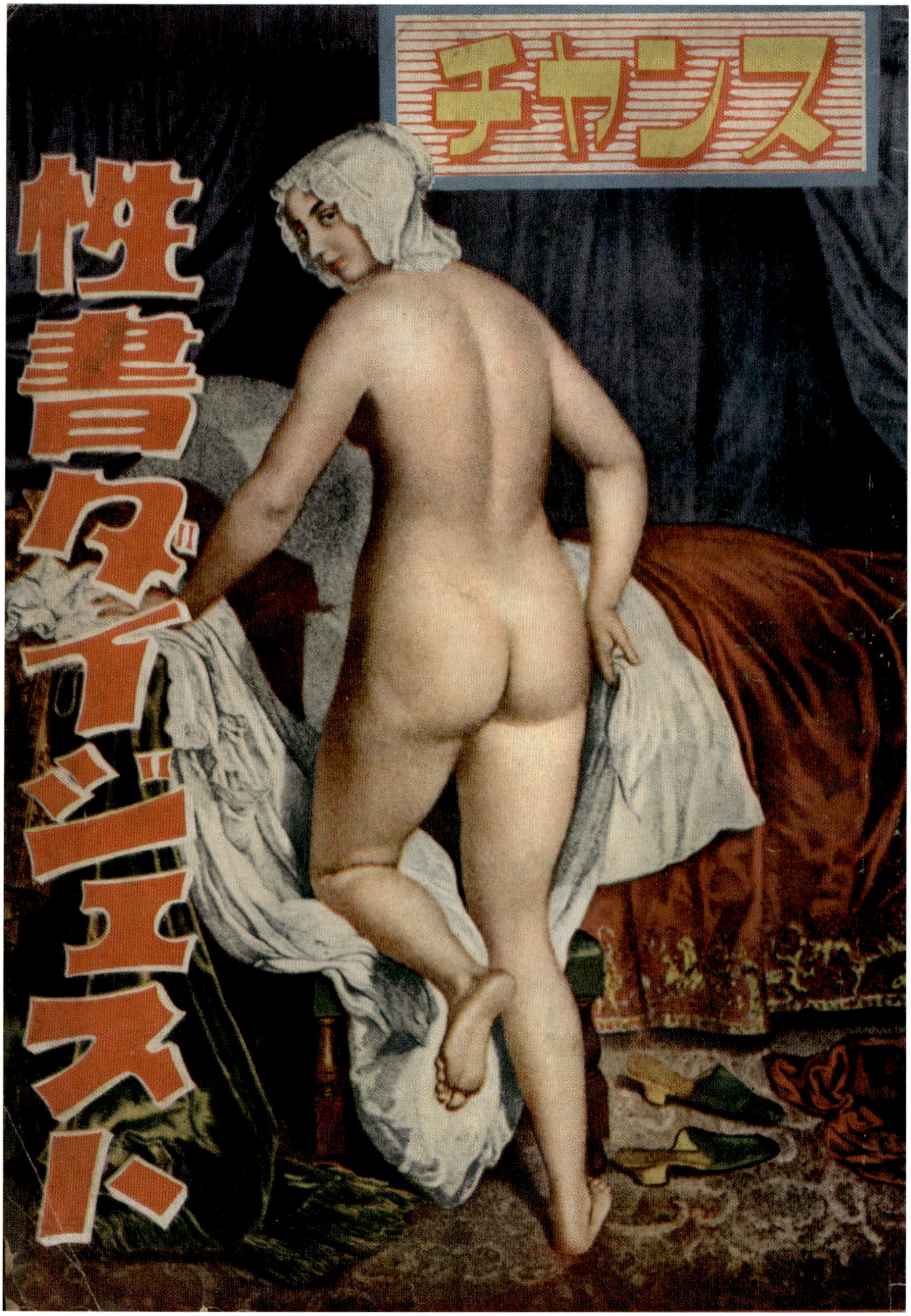

<<<<<<　チャンス　>>>>>>

昭和24年10月発行／52頁／60円
チャンス社

<<<<<　**裸女苑**　>>>>>

昭和24年10月発行／36頁／40円
裸女苑社

<<<<<　実話東京　>>>>>

昭和24年11月発行／40頁／45円
表紙装画・成瀬一富／イヴニング社

<<<<< 青春クラブ >>>>>

昭和24年11月発行／76頁／65円
テラス社

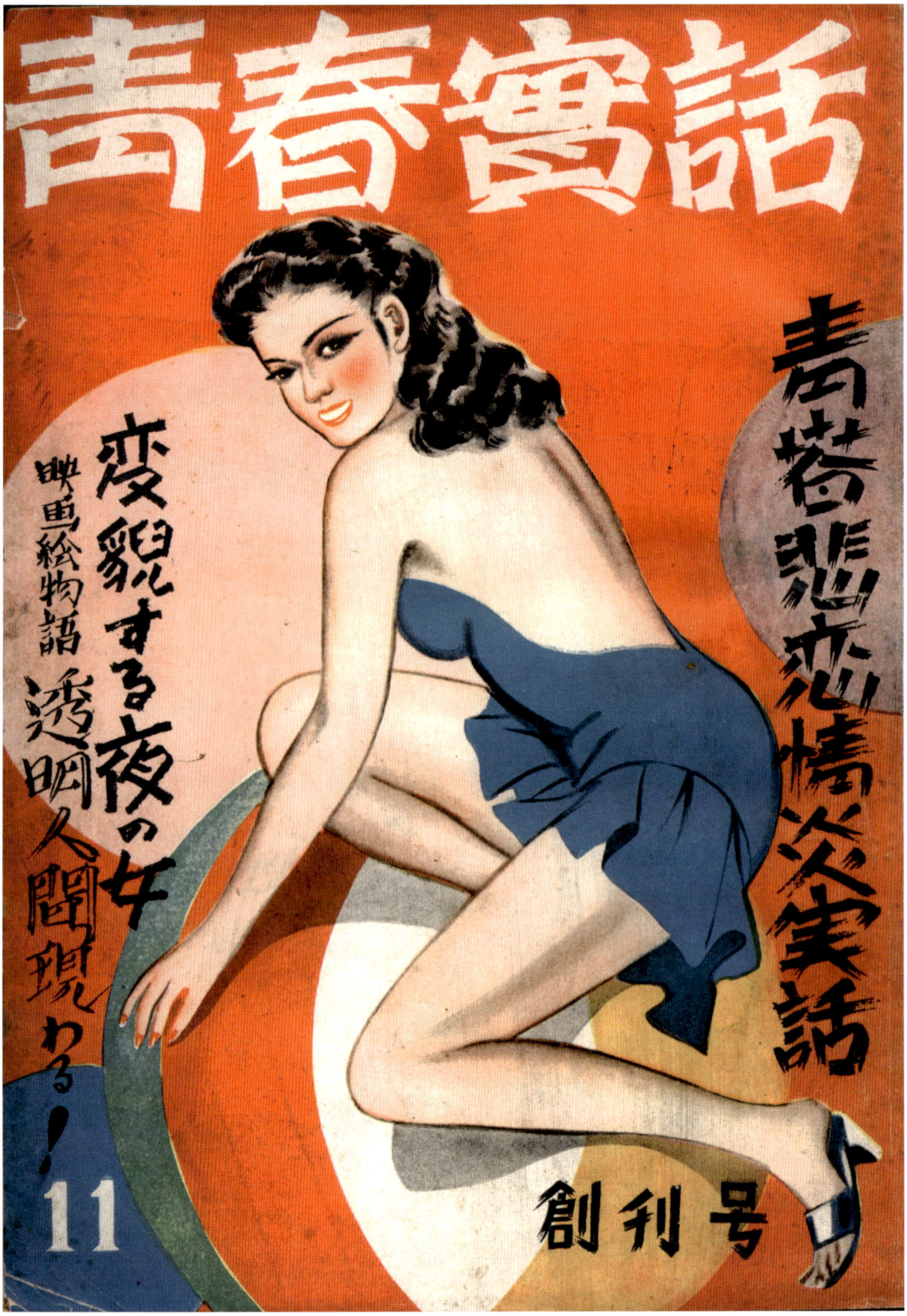

青春実話

昭和24年11月発行／54頁／40円
青春実話社

<<<<<<　耽奇　>>>>>>

昭和24年11月発行／54頁／50円
新世界社

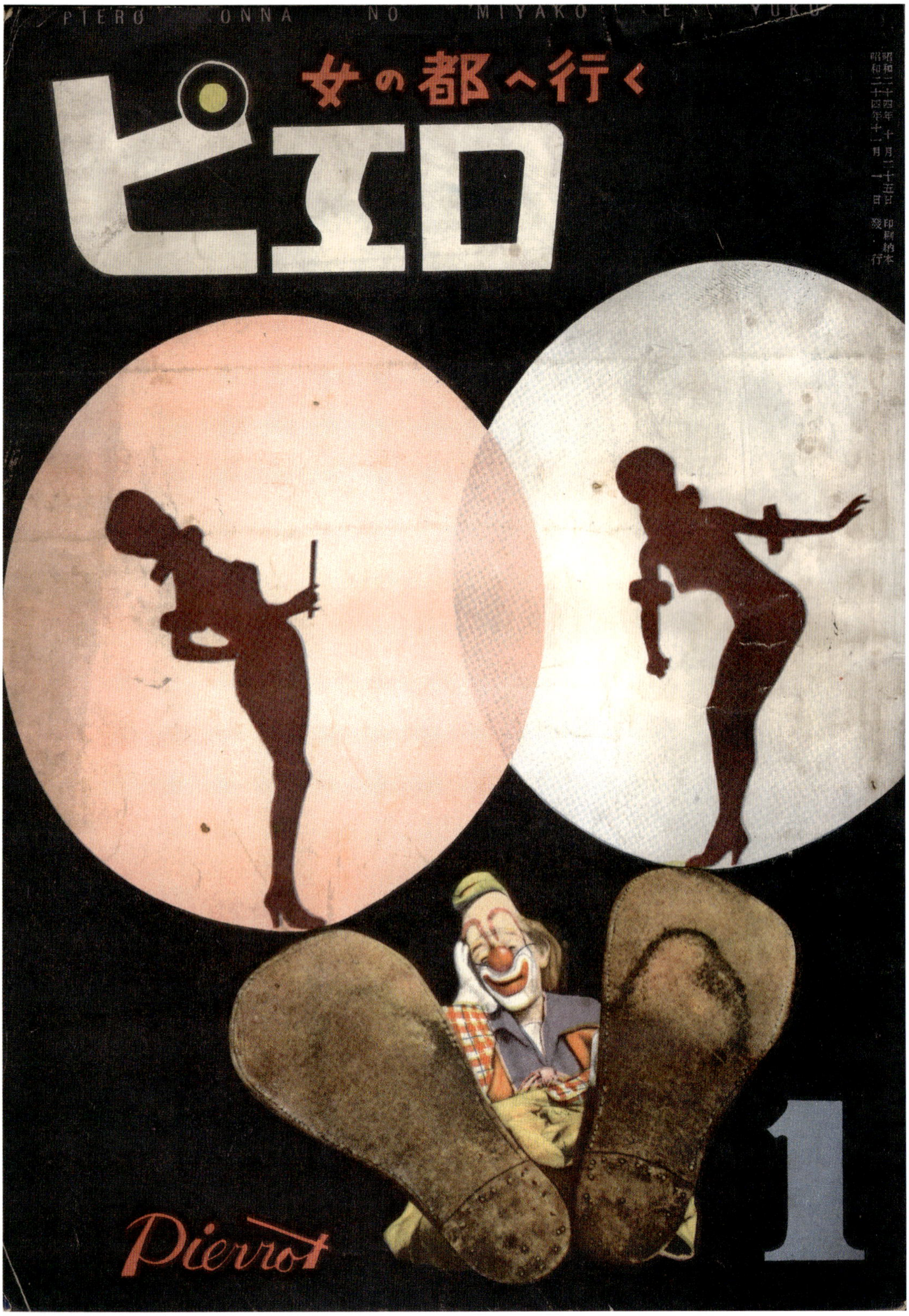

<<<<<<　ピエロ　>>>>>>

昭和24年11月／72頁／50円
表紙装画・桃江映／ピエロ社

<<<<<　猟奇世界　>>>>>

昭和24年11月発行／56頁／50円
西武書房

<<<<<<　肉体　>>>>>>

昭和24年12月発行／56頁／50円
表紙装画・西吾一／桜文社

<<<<<<　讀物サロン　>>>>>>

昭和24年12月発行／76頁／60円
読物サロン社

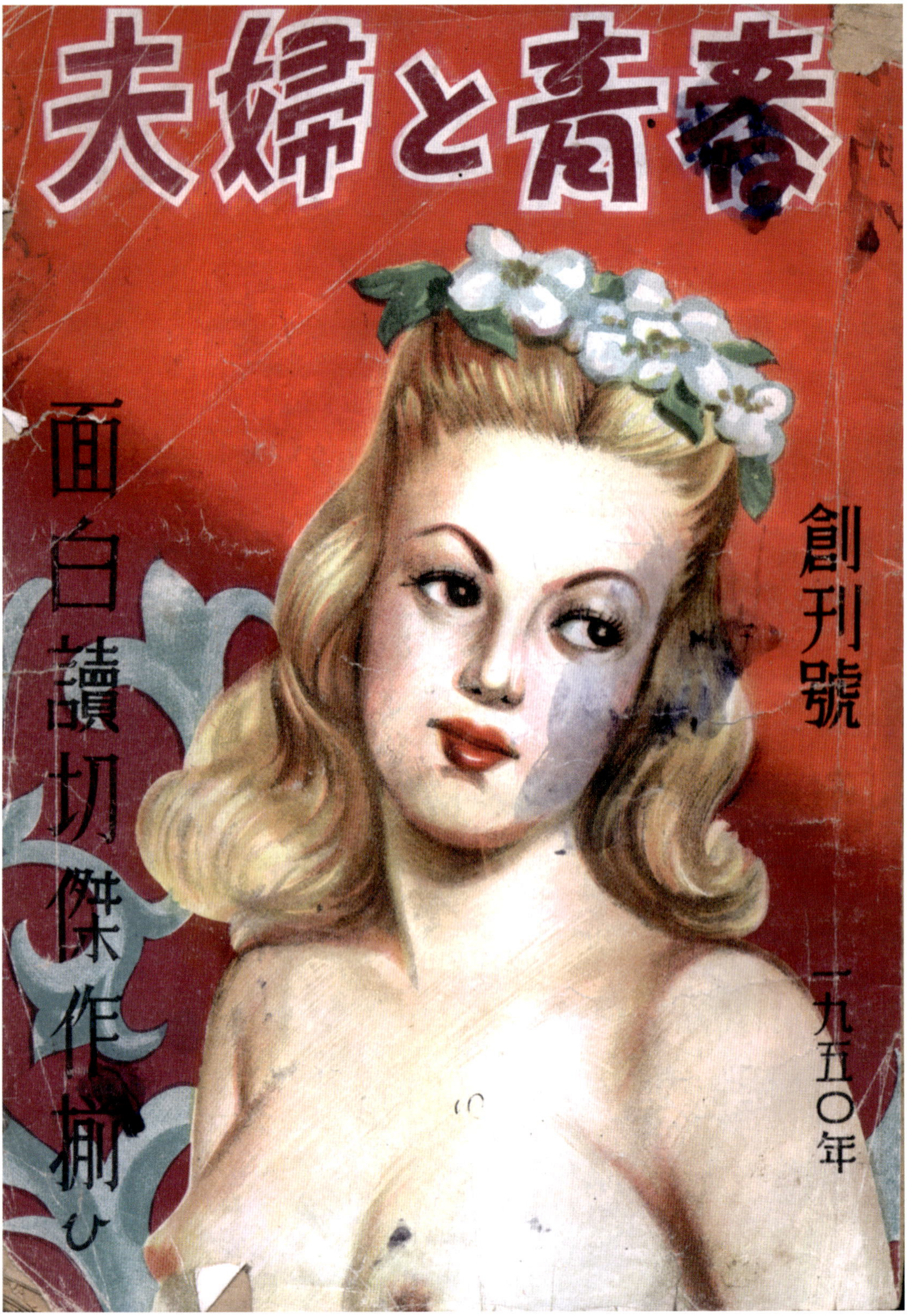

<<<<<　夫婦と青春　>>>>>

昭和25年１月発行／70頁／65円
表紙装画・山脇伸／夫婦と青春社

<<<<< ベラミ >>>>>

昭和25年8月発行／56頁／70円
紫文閣

カストリ雑誌の終焉

昭和21年に生まれたカストリ雑誌は、GHQ配下CCD（民間検閲局）による雑誌検閲が発行の事前から事後へと段階的に切り替わり、こうした軟派な雑誌を発行する敷居が下がったことが影響してか、昭和23年に発行のピークを迎える。そして翌昭和24年に登場したエポックメイキングな雑誌により、一気にそのブームは冷える。

そもそもカストリ雑誌がどれほど売れたとしても、いつ警察に押収されるかもしれず、安定した収益を期待することは難しい。単行本のような単発的な商品ではなく、週・月単位で連続して発行し、安定した収益を図るのが雑誌、定期刊行物の妙味である。

出版警察法令が廃止されたことで戦前の発禁処分（発行禁止処分または発売頒布禁止処分）は消滅したが、代わって戦後は刑法１７５条（わいせつ物頒布等の罪）に基づき、厳しい取締がなされていた時局、いつ摘発されるか分からないカストリ雑誌は、ビジネスとしての限界があった。

昭和24年5月に『夫婦生活』と冠して創刊された雑誌は、この限界を超えた。すなわち、そのことはカストリ雑誌の終焉をも意味した。

これまでのカストリ雑誌では露悪的な扱いに過ぎなかった「性」を、『夫婦生活』は夫婦であれば誰もが営む「閨房」の視座から取り扱うことで警察を牽制し、同時に「性科学」といったインテリゲンチャ向けの内容ではなく、一般庶民にも理解し得る「大衆エロ」を実現した。

切り口だけではなく、見た目も一新された。これまでのカストリ雑誌の多くはB5判型（横182×縦257mm）だったが、より小型で厚みのあるB6判型（横128×縦182mm）の造本にされた。

『夫婦生活』の創刊号は7万部印刷したが、「既存の雑誌と比して小さく、見栄えがしない」という理由で取次の反応は冷ややか、4万部しか扱ってくれず、残り3万部は社内に堆《うずたか》く積まれていた。

蓋を開けてみれば発売初日に書店では売り切れが続出。在庫の3万部も注文で捌けてしまった。発売翌日には、早朝から書店の店主自らリュックサックや風呂敷包みを抱えて、直接仕入れようとする行列ができた。

急拵えに追加2万部を増刷したが、表紙の準備が間に合わず、落丁本扱いにして白い表紙に「夫婦生活・創刊号」とだけ印字したものを用意したが、これも売り尽くしてしまったというウソのような本当の話が残されている。

夫婦が円満な家庭を維持するために、性の営みは欠くことができず、またそうした営みには正しい知識、安全な行為が必要と謳うことで、解剖図としての性器の図版を多数掲載し、性技巧や性交態位などハウツー知識の掲載を可能にした。

執筆陣には医師を始めとした専門家や、各界の権威者を招いた。

常連執筆者のごく一部を挙げれば、いわゆるパイプカットの権威である慶応医学大学・金子栄寿、初代国会図書館館長・金森徳治郎、評論家・大宅壮一、小説家・長田幹彦、衆議院議員・神近市子、山下清を見出した精神科医・式場隆三郎、売春問題に尽力した実業家・菅原通済などがいる。

それまで実在するかどうかも分からない変名の執筆陣ばかりが占めていたカストリ雑誌とは一線を画したことで、記事の質を高めたことは無論、専門家という権威付けで警察を牽制しようとする戦略である。

このような豪華な執筆陣を揃えることができたのは、原稿料が高く、またその原稿料も原稿用紙とその場で引き替えの現金取引であったからだという。戦後のインフレを背景とした秘策である。

発行部数は上昇し続け、当時の『文芸春秋』が

20万部であったとき、創刊から半年後の新年号では、35万部に達する。

「柳の下の泥鰌」が当り前の出版業界にあって、当然のごとく類似誌〝夫婦モノ〟が乱造され、判型すら真似され、カストリ雑誌の判型として主流だったB5からB6へとシフトしていく。類似誌のタイトルを挙げれば、『結婚生活』『夫婦の生活』『新夫婦』『完全なる夫婦の生活』『夫婦界』『モダン夫婦生活』――。

いくら各界の権威者が執筆したとはいえ、毎号たいして変わらない内容を扱うため、さすがに新鮮さを失い、創刊からちょうど6年目の昭和30年6月号を持って終刊となる。それでも発行部数10万部を割ることは無く、廃刊の憂き目を見た理由は、悪書追放運動の槍玉に上げられてしまったからだと、黎明期から編集長を務めていた末永勝介は述懐している。

『夫婦生活』昭和24年9月号。表紙には「二人で読む実益家庭雑誌」とある。見出しには「性器」「性愛」といった言葉が並ぶが、本紙の主張は、あくまでも〝夫婦の生活〟に資するためであり、猥褻を目的としたものではない、ということになる。

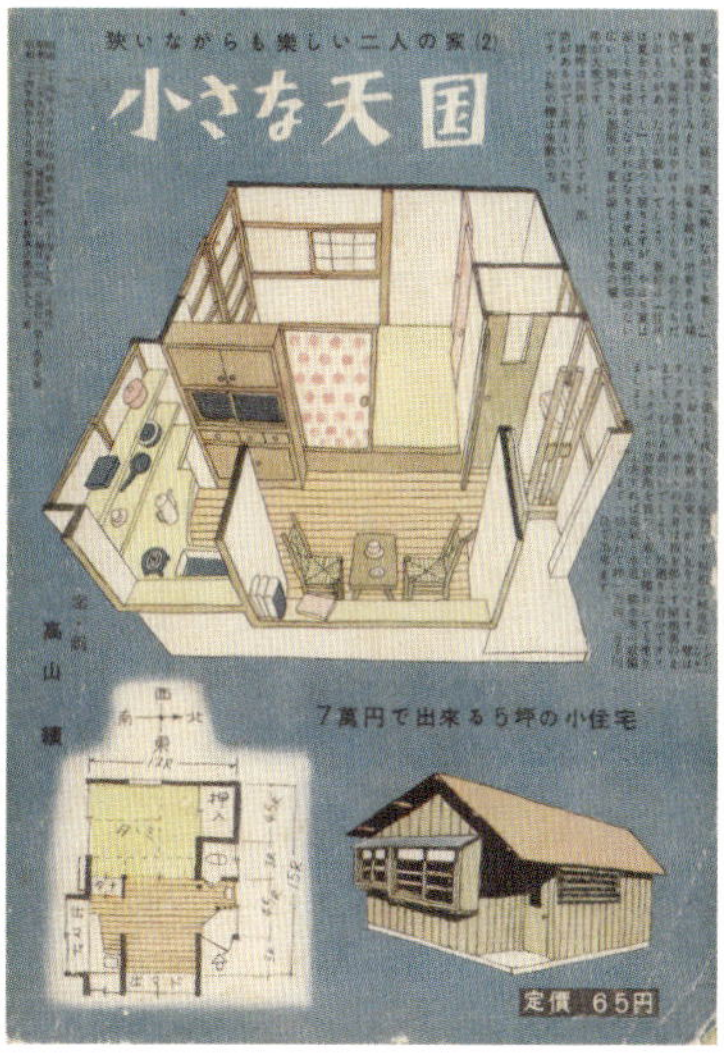

同じく『夫婦生活』昭和24年9月号。裏表紙には、新時代に相応しい間取りが毎号掲載され、復興を予感させていた。

昭和31年2月、新潮社から『週刊新潮』が創刊。週刊誌ブームが起きる。カストリ雑誌を構成する「読物」「風俗」「実話」「話題」といった要素は、その後の週刊誌に吸収されてゆく。

これと前後するように昭和28年2月からNHK、8月から日本テレビがテレビジョン放送を開始し、編集者やライターといった人的資源もテレビ業界へシフトしていく。

カストリ雑誌に限らず、雑誌そのものがメディアとしての凋落も始まっていた。

そして、昭和31年に発表された『経済白書』には「もはや戦後ではない」という文字が並ぶ。

カストリ雑誌の終焉は、『夫婦生活』の登場に始まるが、そのことは同時に「戦後」の終わりも予感させていた。

ものがたり
昭和24年

戦後に生まれた子供、高橋和平。昭和、平成と時は流れ、そして令和の時代へ。

作　對間じん

――初夏とはこんなに暑いものだったのか。

高橋和平《かずひら》は窓を閉めてエアコンのスイッチを入れた。エアコンは電気的な音を一回たてて冷気を出しはじめた。

妻の玲子《れいこ》が言った。

「あらまあ、和さん、もうエアコンですか」

だってもう暑いじゃないか、そう言おうとしてエアコンのスイッチをきった。――暑くない。持っているスイッチを見た。

和平が学生の時に下宿した家にはエアコンなんて便利なものはなかった。テレビもなかった。今、リビングに置いてあるテレビを見る。テレビというものはこんなに薄いものだっただろうか。

和平は昭和二十四年に生まれた。父は高橋繁《しげる》、母、きんという。

父は戦争で片腕を失ったが苦労して金を貯めてタクシー会社をはじめた。会社は成功した。繁は六十歳までタクシー会社を経営すると、きんの叔父である仁《ひとし》と共に出版社をはじめた。情報を誰かに運びたい、繁は終生、運ぶ事を生業にした。出版もあたったが七十歳の時に死んだ。

仁は八十五歳まで生きた。晩年は南方の村に隠遁していたと聞いている。

母、きんは今年の春に百歳を迎え、その数日後、静かに死んだ。

そして和平は今年、七十歳になった。

妻の玲子とは学生の時に出会い、二十五歳の時に結婚した。三年後に息子が生まれ、明《あきら》と名付けた。今は東京で出版をやっている。

――仁さんの血なのかもしれない。

和平は空調の技師を六十五歳まで勤め、その後三年間ほど子会社に在籍し、二年前に、引退した。以来、三十歳の時に買った鎌倉の家に妻と二人で住んでいる。

どこか手持ち無沙汰だ。テレビをつけようとして、やめた。

机の上のスマートフォンを手に取り――再び、やめた。

自分はいったいなにをしようとしているのか。

ある、からなのかもな。

――ものがありすぎる。

蒲鉾板みたいな電話だって十年前はなかった。いや、あったのだろうが自分が持って使うとは思っていなかった。

昭和に生まれ、平成を生き、そして令和がはじまった。

自分はもう老いた爺だ、ただ、まだ、生きる。大きな病気はしてないし妻も元気だ、金銭的な問題もなんとかなっている。

――そうだな。

暑いと思った時に、エアコンのスイッチを入れるのをやめよう。

暑い時は窓をあけて風を入れよう。

風が吹いた。

「今日の夕飯は数さんの好きな饂飩ですよ」

風と共に玲子の声が聞こえた。

第5章

カストリ雑誌小研究

終戦間もない昭和21年から続いたカストリ雑誌の時代は、昭和25年ごろに終わりを告げた。ここでは、カストリ雑誌について統計から考えるレポートや、本書に掲載したカストリ雑誌の書誌データを掲載。また、各雑誌の目次ページのうち、特にビジュアル的・内容的に見ごたえがあるものを厳選して収録。さらに、『猟奇』２号が受けた戦後初の猥褻摘発の顛末について解説し、そこで問題視された小説「H大佐夫人」を復刻掲載している。

昭和25年の物価

ウイスキー・564円（5月）、730円（12月）／瓶入り牛乳・12円／銀行員初任給・3000円
国鉄入場券・5円／コーヒー・30円／食パン1斤・23円

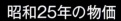

統計でみるカストリ雑誌

はしがきでも述べたように、発行タイトル数が2000とも4000とも言われるカストリ雑誌はいまだ総体が整理されていないこともあり、当時の記憶や印象に頼った客観的裏づけのない言説も多い。

ここでは、本書に収録されているカストリ雑誌117タイトルを用いて定量化を試みた。

■カストリ雑誌ブームはいつか？

創刊タイトル数が多いほど、カストリ雑誌がブームを迎えていると仮定して、収録誌の創刊年月を調べ、グラフに纏めた。

創刊タイトル数を見ると、収録した117誌のうち、昭和23年6月に創刊されたタイトルが15誌と最も多く、ピークを迎えている。

昭和21年10月に創刊され、カストリ雑誌ブームを引き起こしたとされる『猟奇』だが、翌昭和22年いっぱい他誌の創刊は散見されるのみに留まり、『猟奇』のヒットが即ブームを巻き起こしたものではないことが分かる。

昭和22年11月からGHQによる雑誌検閲が事前から事後となり、雑誌を発行する敷居が下がったことが要因として想定される。

昭和24年6月の『夫婦生活』発行がカストリ雑誌の終焉とする先行研究が多く、本書もその説を採ったが、『夫婦生活』発行後もカストリ雑誌の発行が続いていることが分かる。当時カストリ雑誌の用紙であった仙花紙（和紙）の一時的な生産ピークは昭和24年にも迎えており、原材料の調達が容易となったことが背景とも見ることもできる。

■高級雑誌だったカストリ雑誌

次にカストリ雑誌の価格推移を調べた。白丸は当時刊行されていた『週刊朝日』（令和元年7月現在の価格は400円〈税込〉）の価格である。

一般週刊誌との価格比較や、価格の上昇推移を見ると、『週刊朝日』と比べて2～3倍の価格差があったことや、昭和24年以降は価格差も開いていく傾向が分かる。

低俗、粗悪なカストリ雑誌であったが、『週刊朝日』よりも価格は高級誌だった。

■なぜカストリ雑誌はなぜB5で薄っぺらいのか

カストリ雑誌と言われるものは、おおよそB5サイズ（横182×縦257mm）で本文ページ数32ページ前後で造本されている。このスタイルは「流行」と言ってしまえば身も蓋もないが、その背景について明確に答えている証言や文献はこれまでなかった。

本文に加えて表紙を含むすべての枚数をページ数としカウントところ、全113誌の内、最も多いのは36ページ構成の43誌、実に全体のうち37％も占めていた。

推測される理由としては、B列原紙からキリ良くB5サイズで16面取ると、本文は32ページ、加えて表紙4ページ、全36ページとなるからである。

自身も戦後カストリ雑誌の編集に関わった山岡明（作家）はこう証言する。

「印刷用紙がなく薄っぺらなもんですから、型を大きくして見ばえをよくする」

本そのものが市場に少なかった敗戦直後は、厚みよりも表紙面積を大きくして書店の店頭で目立たせることがセールスに繋がった。やがて出版環境の改善に伴い、業界全体の発行数、引いては書店に陳列される書籍数が多くなると、書架に差しやすい小型サイズ、差したときにも背表紙が目立つ厚みを持つ判型が優先されるようになったのではないか。

■地方からも生まれるカストリ雑誌発行

本誌収録のカストリ雑誌のうち、約22％が東京以外の出版社によるものである。けして多くはないが、それでも4分の1近くが地方発のカストリ雑誌だったことになる。

戦中、本土決戦に備えて、全国各地に分散してあったが用紙が、敗戦を迎えてヤミ市場へ流れた。これを用いたカストリ雑誌も少なくなかった。「阿部定とカストリ雑誌」でも紹介した石神書店は岐阜県同市に構えており、カストリ雑誌の総合商社とも言われた出版社だが、用紙の良いルートを持っていたともいわれる。中身よりも、紙の供給次第で会社の命運も左右された。

興味深いのは、パレス社（名古屋市中村区）、北国図書出版社（富山市総曲輪）のように歓楽街に住所を構えているカストリ出版社も存在したことである。

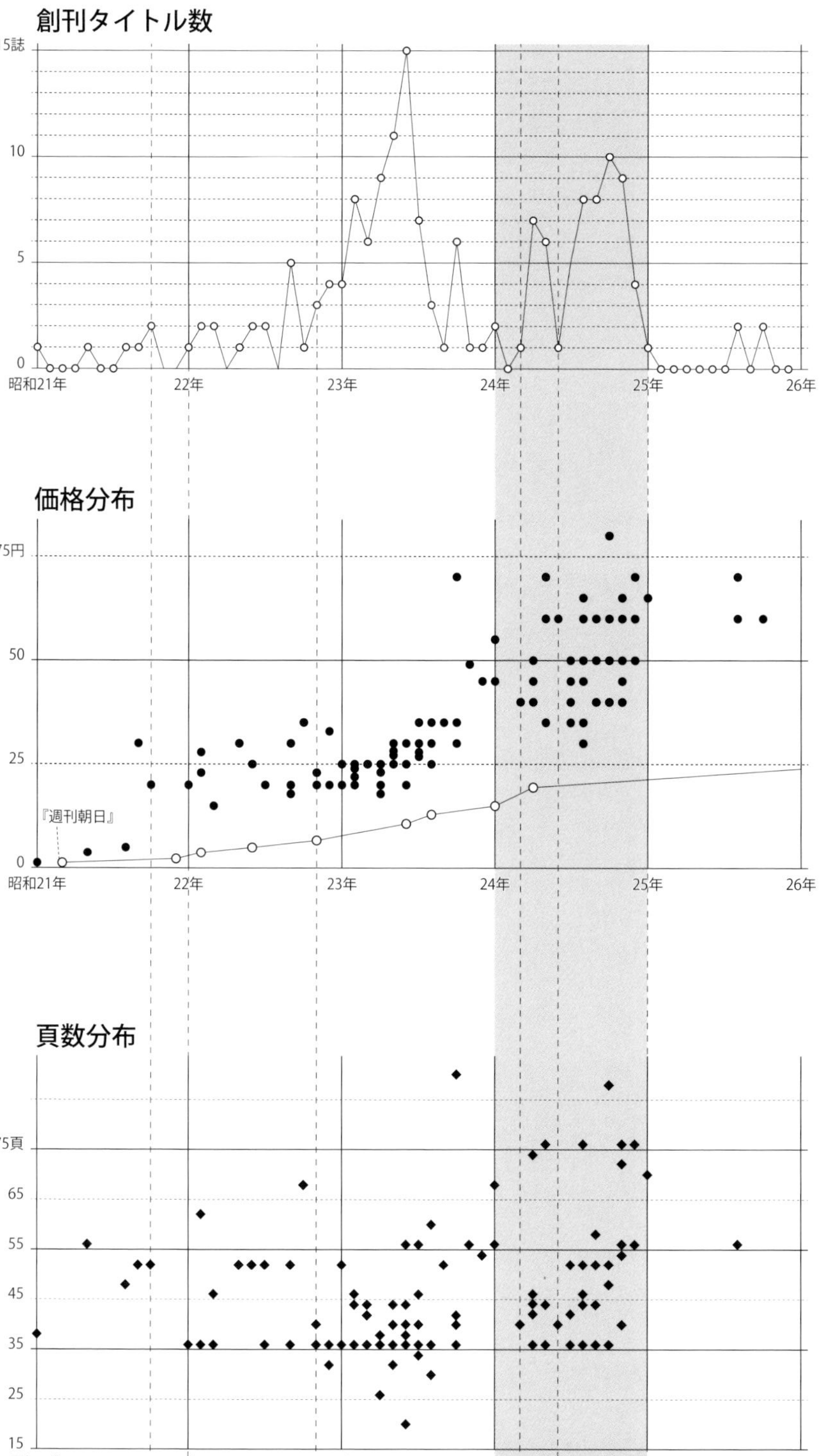

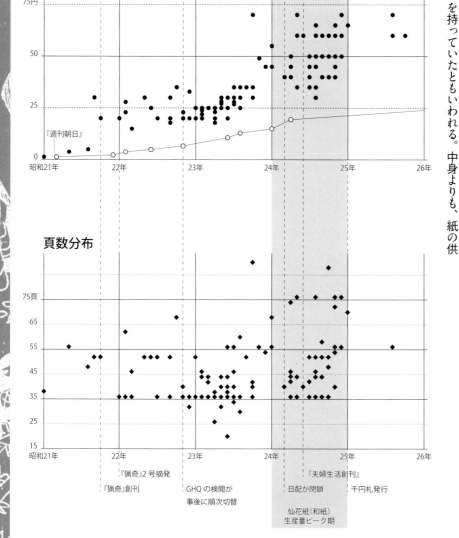

戦後初の発禁処分『猟奇』2号

戦後初めて言論統制の筆禍に遭った発行物がカストリ雑誌であったことは、あまり知られていない。しかも戦後初の筆禍本『猟奇』が存在しなければ、その後のカストリ雑誌のブームも起きなかった。

『猟奇』発行者である加藤幸雄が敗戦直後のどさくさに200連（20万枚）の印刷用紙を私物化したことが本誌誕生の契機となっている。

昭和17年に軍需会社に徴用された加藤は、『産報』（産業報告会の社内報）を編集していたが、直前に手配していた用紙200連を、敗戦の混乱に乗じてそのまま手中にした。

敗戦を迎えて、加藤はその後の出版ブームを予想したが、空襲によって日本橋から神田周辺の印刷所は壊滅状態にあった。ようやく北多摩郡小平町（現 小平市）に疎開していた、中島飛行機の伝票の印刷を請けていた印刷所・永進社を見つけ、印刷製本の算段をつける。

ジャンルは進駐軍将兵向けのお土産として「エロ」ものに商機を見出すが、CCD（民間検閲局。GHQ〈連合国最高司令官総司令部〉の傘下にあり戦後に検閲を実行した組織）による検閲の緩急が分かりかねたため、加藤は江戸川乱歩らと相談を重ねた結果、戦前に発禁となった短編集『あかね草紙』（昭和21年8月10日）の復刻を試みた。

CCDによる検閲は支障なく許可され、原価2円の『あかね草紙』を定価10円で売りさばいた加藤は2万円の利益をあげた（昭和21年の公務員初任給が540円）。

これで確信を持った加藤は、『あかね草紙』で得た利益を投じて出稿した新聞広告によって原稿を募集し、記事を揃える。同時に新聞広告で直接購読を募り、1万部もの受注に成功、市場へ流す分としてさらに1万部、計2万部を刷る。

『猟奇』創刊号（昭和21年10月15日）を取り扱う取次（出版業界における問屋のこと）は1社のみと悪条件でのスタートだったが、わずか2時間で売り尽くしてしまう。事前に告知した新聞広告を見た書店主がリュックサックに現金を詰めて押しかけ、買い占めてしまったためである。

商業的に大成功を納めた創刊号から約2ヵ月後、2号（昭和21年12月5日）は部数6万と大きく増して発売された。

こうした『猟奇』創刊号の人気が契機となり、カストリ雑誌ブームを決定づけた一方で悪目立ちがかえって仇となり、続く『猟奇』2号が刑法175条（わいせつ物頒布等の罪）を適用した摘発を、昭和22年1月9日に招くことになる（明治41年に施行された刑法175条は大日本帝国憲法下でも雑誌書籍に適用されず、同条初の適用事例）。

なお、戦前までは内務省警保局によって思想や風俗が監視されていた検閲制度は、敗戦を迎えてGHQ配下のCCD（民間検閲局）が担当することになり、占領政策への批判や軍国主義の礼賛に目を光らせていたが、GHQ（連合国最高司令官総司令部）は間接統治する占領行政の建前上、取締活動といった実動は警察が担っていた。

問題となったのは、2号に収録された小説「H大佐夫人」の本文（北川千代三作）と挿画（高橋よし於筆）、「王朝の好色と滑稽譚」（宮永志津夫作）だったが、事件前後の『読売新聞』では、「H大佐夫人」の内容を摘発対象とし、発行者の加藤、「H大佐夫人」の著者である北川、さらに雑誌ブローカー川上某の3名を起訴と伝えている。

「H大佐夫人」が摘発起訴され、かえって〝キワモノ〟として箔がついたことで書店や読者の販売・購入意欲を高めてしまい、カストリ雑誌ブームを加熱させたのは皮肉な現象だった。

肝心の「H大佐夫人」のあらすじは、次の通りである。19歳の青年が敗戦末期に疎開した邸宅で、そこに住む陸軍大佐と悩殺的な美しさを持つ夫人とが、浴室で交情する二人の姿態を覗き見する。後日、大佐の出掛けた隙に、青年は婦人と入浴する機会を得、それがきっかけで夫人と関係を持つ。

小説は次のように締めくくっている。

「夫人に対する愛慕と、灼くが如き情熱は今尚私に続かせているのです。しかもＨ大佐は既に戦犯として絞首刑に処されて此世を去ったのですから、私と美根子夫人は堂々と新世界に愛情生活の極地を展開できるのです」

『猟奇』２号掲載の「Ｈ大佐夫人」より、刑法175条の適用を受け、問題視された挿絵。どこにも問題視される要素が見当たらないのだが……。

以上は抜粋だが、全文読んだところで、確かに扇情的とはいえ社会に悪影響を与えるほどの猥褻性を感じることは難しい（むしろそれほどの影響を社会に与えられる文学があるとすれば、その文学の価値は計り知れないとも思える）。

取り調べは「Ｈ大佐夫人」のみに限られ、問題視されたのは、挿絵2点という。風呂場の場面と青年が覗き見をする場面である。これらが「男性そのものが見える」という理由で取り調べを受けたとされるが、男性器などは全く見えない。加藤の述懐では「後で復刻版をだしたときには、同じ場面があるのに、（筆者注：警察は）何もいってこない」とあるように、「Ｈ大佐夫人」へ向けた警察の態度は甚だ曖昧である。

こうした理由からか、これまで本作品が刑法１７５条の適用を受けた理由は、様々な憶測を呼んでいる。

加藤幸雄「『Ｈ大佐夫人』ではなく、ふつうの『未亡人』だったら引っかからなかった」という趣旨のことを取調官が口にした。その筋から何かがあった、とも、なかったともいいませんでしたが、私はそれを聞いて、やはり、何かあったんだナと、直感的にそう思いました」

北川千代三「検事から『首つりの足を引っ張るようなことは書かんほうがいいよ』と言われた」

取り調べを受けた関係者2人は、旧軍部筋からの圧力を示唆している。

現在は廃止されている「姦通罪」（昭和22年10月26日廃止）だが、『猟奇』２号発行当時は現行法である。姦通を退廃的に描いた本作品が取締対象となった可能性については、当時東京地方検察庁で風俗出版関係事犯を担当した馬屋原成尾は、その著書『日本文芸発禁史』（昭和27年）において、「姦通を書くことは決して悪いというわけではないのだが、具体的な描写が、淫らな挿画と相まって、猥せつを表現していた」と姦通罪との関わりを否定し、あくまで猥褻ゆえの起訴としている。

次は直接の関係者ではないが、ＣＣＤの検閲文書を調査した大本至は、問題の『猟奇』２号についても調査。担当検閲官による「広告も含め本雑誌の記事はすべて良俗の堕落に満ち満ちている」とのレビューを自著で紹介している。加えて『猟奇』２号を検閲したわずか3日後の『読売新聞』がカストリ雑誌への取締強化を伝えていることから、ＣＣＤ（ＧＨＱ）が当局に取締りを指示した可能性について指摘している。

『猟奇』が筆禍に遭った直接的な理由はいまも不明だが、この時期特有の検閲制度と取締活動がかえって大衆の好奇心・覗き見趣味を煽り、『猟奇』の成功や引いてはカストリ雑誌ブームを生んだことは皮肉である。

性愛告白譚 H大佐夫人

北川　千代三

戦後初の発禁処分（刑法１７５条・猥褻物頒布等の罪）を受けた筆禍作品「H大佐夫人」を再録する。

戦前までは内務省が検閲を行っていたが、戦後に制度が廃止され、言論統制する手段を失っていた当局は、刑法１７５条を適用して摘発した。

現代の目には、本作品は〝ワイセツ〟と映るのか？読者の目で確かめて欲しい。

なお、再録にあたっては『猟奇』2号（昭和21年12月発行）を底本とし、一部、文意を変えない範囲で現代仮名遣い、常用漢字に改めた。また、印刷不鮮明につき判読不明な文字は推測して補い、編集または写植段階での脱字部分は「■」とした。

終戦になつた今だからこそ、かうした私の告白も、おほつぴらでお話が出来るですが、これが若し、あの軍閥政権の猛威を逞しうしてゐる時分だつたら、こんな話の一齣でも公けにしやうものなら、それこそ私といふ人間は、立どころに銃殺されてゐるか、さもなくば、冷たい刑務所の中で、共産党の人達と一緒に日夜呻吟の憂目を見て居かも知れないのです

事実、私の話といふのは、それ程恐怖とスリルに満ちてゐるのです。でも私に執つては生涯忘れることの出来ない甘美な追憶なのです。それ許りか、今斯うして何憚らずお話し出来るのですもの、こんな幸福なことはないと、思つて居ります。

まア一と通り聴いて下さい——と云つて、彼は、或る現役の大佐夫人との間に生じた、灼熱の恋愛と、そこ迄に進む性愛の段階を、正直に、而も赤裸々に語り出すのだつた。

私の家は比較的裕福でした。父は事業に没頭して、全然家庭を顧みませんでした。私は母の甘い愛のみに育てられて相当我儘な性質に歪められてしまつて居たのです。

そんなことが原因して、私といふ人間は十九になつて未だ中学の四年生といふおくれ方だつたのです。でも、両親は別に、私の学校の不成績を叱責しなかつたのです。ただ学校の門を敷多く潜つて、表面だけの肩書さへつければ可いといつた風だつたのです。今になつて考へるとはずかしくなります。

兎に角、さうした訣まつた考へを有つてゐた親達ですから、戦争熱が世間に湧き出した頃、母は私の身体が、兵隊にかり出されはしまいが、或ひは亦徴用等に持つていかれはしないかと、それはそれは大変な心配をし始めたのです。その結果母は世間の眼を倫んで、父や親戚の者と相談の上、莫大な金を費つて、私の身体を国策の網や、動員の糸にも引つかからない方法を構じて仕舞つたのです。

さうかうしてゐる内に、太平洋戦争は益々激しくなつて来たのです。昭和十九年の歳末でした、恰度B29が、東京を爆撃し始めた頃、私は、身の廻りの物や、教科書と一緒に一枚の診断書を、関所切手のやうて身につけて、東京からさのみ遠くないC県へ疎開を兼ねた、転地療養に出てしまつたのです。療養といつても元々病気でも何んでもないのですから、別に病院に入るといふのでなく、謂はば徴用脱れのカムフラージュですから、至極陽気な気持ちで、遠縁に當る家へ寄住したのでした。

私の寄居した家は、C県のC市から二三里奥へ這入つた所のY町の外れに建てられた、閑静な家でした。邸の周囲が立樹で掩はれてゐる純日本風の落着いた家なので、私は宛も別荘へ来たやうな気分になつたのでした。

その家の主人といふのは、現役の陸軍大佐で、Y町の端れに在る、陸軍砲兵学校の教官をしてゐる人でした。家族は、大佐の夫人の美根子さん（夫人の名だけは正直に言ひませう）と他に、下働きの雇婆さんの三人限りでした。其處へ私といふ人間が加はつたのでした。

青年層の行動に對しては、鋭く眼を光らしてゐる軍人の高官の家へ、而も、怪し気な診断書を持つて寄食するなんて、考へれば非常識な、そして大胆な行動ですが、事実上では最も安全な徴兵忌避法だつたのです。同時に、そんな抜道を平気で行はれてゐたのですから驚く外ありません。金の有難さといふか、それとも戦争のことにばかり夢中になつて、世の中の微妙な組織とか、交錯に迂遠だつた軍国政治の大きなミスとでも謂ひませうか、兎に角馬鹿げた話もあつたものです

しかし、その馬鹿げた世の中の仕組みのお蔭で、私といふ人間は、人間最大の幸福と、世にも稀な、性愛の神秘境を体験することが出来たのです。だから、私に取つては、今尚、その家へ疎開させてくれた両親に対して最大の感謝を捧げてゐる次第なのです。

では、そろそろ本題に入るとして、私といふ少年を、勉学の頂上から、性的悦楽の深淵に転落せしめた動機と、遂にはマノン・レスコウ以上の灼熱の恋に取り患れた経路について話を勧めませう——

先づ最初に、Hといふ大佐を一寸申上げて置きませう。凡そ嫌な人間といつてこのH大佐ぐらゐ、人好きのしない厭な人間は、さうザラにあるとは思へませんおそらく、私の生涯を通じて今後H大佐ほど厭な人間に出遭はないだらうと思ひます。陽灼けのした赤ら顔は軍人だから止むを得ないとしても顔全体の何處にも一点として取得がないのです、前額の狭い割合ひに、頬とか額の辺りがいやに平べつたく、而も一等醜いのは、右の頬から耳のつけ根へかけて、大きな引つつりになつた禿のあることです。それは彼が尉官級時代に火薬装填の過失が因で大火傷をした痕だといふことを、後日美根子夫人から聞かされました。私が虫が好かないといふのは、大佐のかほや容だけでなく、彼の態度にも多分に然うした物があつたのです、それは今説明せずとも、私の話の順序が自然に表明すると思ひます。

處が、何といふ皮肉で、而も運命の神の悪戯か、H大佐のさうした醜い面貌とは反対に、美根子夫人の美くしさは、例へやうもない容姿なのです。品があつて、理智的で、それでゐて冷たい感じを興へず、物を言ひ出す時には定つたやうに片頬に巧まない表情が流れるのです、それが長い睫を持つた張りのある眼と一緒に向けられた時は、一目で悩殺されると云つても、決つして誇張ではないのです。

少し下ぶくれのした美根子夫人の頬とH大佐の火傷の痕とは、余りにも惨酷な対象を見せてゐるのでした。

H大佐は四十五六でしたが、夫人は二十四五でした。勿論、H大佐に取つては二度目の夫人だつたらしいのです。それにしても、これ程の美くしい美貌の持主が、何んと思つてこんな醜い、而も感じの悪い年上の男の許へ嫁に来たのか、私にはその理由が解らないのでした。夫婦の関係とか、男女の対照等といふことには、大して注意を拂はない私だつたのですが、この家に寄佳するやうになつて初めて目に触れた、此の夫婦の甚だしい不均衡ぶりには、眠つてゐた私の神経が急に呼び覚されたやうになつてしまつたのです。そればかりか、私の神経と感覚は妙な働きを示すやうになつたのです。

母から遠縁にあたると言はれたのは、この美根子夫人だつたのです。しかし事実は血も何も通つてゐない名のみの親類筋で、ただ母の義弟に當る人の嫁の嫁の妹だつたのです。ですから厳密に云へば私とは垢の他人も同然の間柄らでした。でもこの美しい夫人が自分の縁者だと聞かされた時は、何んとも云へない嬉しさと、矜りに似た物を感じたのでした。

しかもそれは、ほんの最初だけで、私はその夫人と親しくなるにつれて、漸々血のつながりの無いことを幸ひと思ふやうになつたのです。その反対に美根子夫人は、大佐の手前を思つてか、私に対しては馴々して接つすると共に、宛ら自分の弟でもあるかのやうにもてなすのでした

美根子夫人は、軍人の妻であるに拘らず、何かと思ふほど、身繕ひや、お化粧に念を入れる人でした。目立たぬやうに肉色の粉白粉で、巧みに粧つた顔を、傍近く寄せてものを言はれたり、身体から離したことのない高雅な香水の匂ひをあびせられた時、私の全官能を、いやが上にも掻き立てるのでした。

「喬雄さん、此処に居る間は遠慮しないでネ…」

と言ひ乍ら、私の肩の辺りに手を触れて起き上る時など、魅惑的な薫りが、堪らなく私の神経をゆさぶるのでした。私は次第にその匂ひに楽しみを抱くやうになつたのです。そればかりか、夫人の肌着とか、裾廻りから時々こぼれて見へる赤い物を、敏感に倫み見るやうになつてしまつたのです。

第一、こういふ空襲の下にも、身根子夫人は余程の時でないと、絶対にモンペ服を身につけませんでした。何時も着流しで、戦前と変らない服装を保つてゐました。ですから買物とか、配給物を取りに行くのは大抵、雇婆さんの役だつたのです。それ位いですから、防空訓練などには、當て一度も出たことがありませんでした。最も、大佐の家といふのは隣り近所とは一寸離れてゐるのと、今一つは軍人さんの家だから、何も彼も必得えてゐるのだと云ふ、遠慮と敬遠策で、此家へは防空指導係りも矢釜しく云つては来なかつたのです。さうした隔離された生活様式が、この夫人をして、益々戦時色から遠ざかつた行動に移らすのでした。

　勿論、私にしても、名目は病気保養といふ轉入方法になつてゐたので、警報が出たからといつて、慌て、町会や隣組へ参加する必要はなかつたのです。

　一方、H大佐は戦況情勢が啻ならぬ様相を示して来たので、家に落ち着く機会も僅なくなつて来たのです。絶えず軍閥係で東京の参謀本部へ出かけたり、時には広島などへ旅行することが多くなつたのです。ですから私が、その家へ寄食するやうになつた頃は、美根子夫人と、私と、雇婆さんの三人暮らしのやうな家庭になつてゐました。

　私の居室と定められたのは、四畳半の和洋折衷の離れでした。庭に面して廊下が取つてあるので、比較的広い感じがしました。でも鍵の手になつてゐる廊下を通つてでないと大佐夫人の居室や、茶の間へ行けないので少し不便な位置にあつたのです。然し勉強するには誂へ向きの静かな部屋でした。恰度、庭の植込みを越した、正面斜めには、湯殿の側面が覗いて見へるだけでしたから、読書に飽いて庭を散歩する時などは、誰にも目につかず直ぐ離れの縁側から庭へ下りて自由に行動が出来るのでした。

　三月十日の大空襲で、東京の下町一帯が一夜で灰燼に帰して、半月ばかり経つた或る日のことでした。

　七日許り留守にしてゐたH大佐は、軍人に似合はない背の低い、横巾だけは広いヅングリした形体を、醜い貌と共に、美根子夫人の前に現はしました。そして従卒らしい二等兵を二人ばかり連れて帰つたのです。大佐は帰ると直ぐ、兵士に命じて、持つて帰つて来た、ラジオのセットを地下防空壕の中へ据えつけさせてゐました。

「これからは、此辺も何時空爆される知れんから、必らず警報と同時に壕に入るのだ、可いか、情報は身近かで聞けるやうにして置いたから――」

　内意は妻の身を思つてなのですが、大佐の声は、命令のやうでした。

「ハイ……」

　やさしい夫人の返事が聴き取れるのでした。私はその声を聴くと共に、夫人の蠱惑的な顔面表情が眼の前に浮ぶのでした。

　二人の兵士は瞬く内にセットの備えつけを終つて帰隊したやうでした。

　それから暫く、奥の部屋からは何んの声も聞えませんでした。私は部屋の中で自分の教科の中で一番成績の悪い物理の本を読んでゐたのです。處が何う理由か私の神経は、教科書の上に集中しないのです。それ許りか、私の神経は、久しぶりで帰つて来た大佐の上に馳つていくのです。殊に何時もは夫人を叱るやうな大きな聞えるのに、その日に限つて余りにも静かなのです。それが又反つて私の神経を昂ぶらせていくのでした。

　私は偶と、二三日前の晩、夕食後の一刻、美根子夫人と何気なく交した対話を想ひ出したのです。

「喬雄さんは……中学生だから、未だ無理ね――。」

「――何がです……」

「ううん、何んでもないんですの――」

「十九ですもの、大人ですよ、僕だつて。」

「さう？　でもこんなこと訊いて、若し御両親に知れたら、妾お叱りを受けるわね――。」

　と言ひながら、俯向いた夫人の顔は、私が初めて見る羞恥に富んだ表情だつたのです。而も、真白な首筋から覗いて見える赤い肌着の襟は、私の感情をなぶるやうに眼に映つたのです。

「喬雄さん、女がり偽はつた感情で男性に接してゐることは、無論罪悪ですわね、でも、生理的に相手の愛撫に挺身したら……それでも罪悪かしら――。」

「そんなことはないでせう……」

　私は、自分でも何を言つてゐるのか分らない返事をしたのでした、そして心持ちあかくなつた顔へ、飲みさしの湯呑茶碗をあてがつてゐました。すると、美根子夫人は、思ひ出したやうに朗らかな笑ひ声を出して、急に食卓の前を離れました起き上つた夫人の身辺からは、又しても得体の知れぬ香りが私を包むのでした。

　かうした二三日前の晩、夫人と交した会話を何故今想ひ起すのか、而も今、それを静かな奥の大佐夫人の上に結びつけてゐる自分といふ人間は、一つの羨望と嫉妬の囮になつてゐるやうにさへ思へたのです。

私の気持ちは、益々教科書から離れていくのでした、私は自分の意志に闘ひを挑むやうに、何時しか縁側から庭に降りてしまつたのです。そして、春の夕陽を一ぱいに吸い込まうとしてゐる木々の芽や、萌えるやうな草々を見ながら、一歩々々脚を運んだのでした。

知らず知らず進んでゐた私の身体は、何時も自分の部屋から向ひ合つて眺めてゐる、風呂場の側面に来てしまつてゐたのです。自分の位置に気付いた時でした。湯殿の中では人声らしい気配がするのです。しかも、その声は自然に突き出る声を意識的に抑へてでもゐるやうな響きに聞えるのです。私は瞬間、何んだらうと思ひました。そして反射的に自分の体が釘づけにでもされたやうに動けなくなつてしまつたのです。同時に身体中の神経は頭の一部に集注して仕舞ふやうに感じて、我乍ら驚くばかり静かな態度になつたのです。

何故今日に限つて、湯殿の中の人の気配に関心が向けられるのか、自分でも不思議に思つたくらいです。しかし、現実は慥かに、平常の状態ではなかつたのです。第一、何時もの大佐は日暮れ前に湯に這入ることは滅多にしなかつたのですですから私が好奇的な注視を向けるのも無理ではなかつたのです。それどころか湯殿の中の声が大佐夫婦が混浴してゐると感知した私の眼は、何時しか、湯殿の内部を覗いてみたい意欲に燃えたのですところが、何んといふ誂へ向きな猟奇な梯子があつたことです、私の立つてゐる直ぐ前の方、つまり風呂場の反対側には、防空壕を掘つた時の土が盛り上げられて小さな築山が出来てゐるのです、しかもその築山に昇ると恰度、湯殿のガラス窓になつてゐるのです、更らに幸ひなことには、其所からなれば、いくら隙見をしても西陽が射さないので、湯殿の中からは外部の人影が絶対は写つて見へないのです。私の冴え切つた神経は、私自身のこれから執らうとする行動を、第三者に発見されないやう、鋭く働くのでした。而も、都合よくいつも此辺をうろうろしてゐる雇婆さんは、台所で夕餉の支度をしてゐるらしく、姿は見せませんてした。

静かに、実に周到に、私の脚は築山の上に運ばれました。そして私の顔は湯殿の窓に密着するやうに寄せられたのですだが窓には暗幕代りに薄い板が張りつけてあるので、硝子窓を透して内部を窺ふことは不可能でした。でも既に餌を探る獣のやうになつてゐる私は、猶も執念深く除き得る個所を求めたのでした、そして漸く硝子窓と柱との間にあつた針金ほどの隙間を見出したのです、私は貪るやうに湯殿の中へ視線を放ちました。

「冴ツ――」

私は危やうく声を出しかけました、湯殿の中の情景は、さうした物を初めて眼にした私の神経を余りにも強く衝いたからです。

其所には、裸形の赤黒い巨大な肉体とその岩のやうな肉塊の蔭にかくれて、透き通るやうな真つ白な肉体が見へたのです。

宛ら年経た巨木に圧へられた白鳥が、為す術もなく凝つと身を任せてゐるやうな図なのです。云はずと知れたそれはH大佐とあの絶世の美人である美根子夫人との湯浴中の光景でした。併しいくら鈍感な私でも、その夫人の姿態が単なる入浴の形とは思へないのでした。優しい柔かさを有つた。而も若い弾力性のある夫人の両腕が、不格好な大佐の後ろ向きの背を抱へるやうに伸び切つてゐるのですそして大佐の肩の辺りから、美根子夫人が何時もとは違つた表情の顔を時々覗かすのでした張りのある情味の豊かな大きな眼は細められ、しかも心持ち眉根には皺を寄せて、口は半ば開いてゐるのです。

私は、自分の身体全体が上下して、息が詰まるやうな気がしました。同時に此所に居る自分の姿を湯殿の中から夫人に気づかれはしまいかと云ふ不安に襲はれて、一寸窓の隙間から首を下げたのですそして周囲にも目を配つて、自分の行動を見てゐる者はゐないかと注意したのです、しかし考へてみるとそんは心配の必要のない好適の位置だつたのです。私は云ひやうのない安吐と、新らしい興味に唆られて、再び燃えるやうな両眼を静かに以前の位置に戻したのです。そして今度は入念に観察しようとして、湯殿の中を舐めるやうに眺めたのです。そしてよく見ると、先刻は突然のことで気がつかなかつたのですが、H大佐も夫人も、下半身は湯槽の中にしたし乍ら、上半身丈けを覗かせてゐるのだといふことが、判然り分つたのでした。無論それは私の強い観察欲が、自然に両脚を爪先立てたから、その姿態を確かめることが出来たのです。

夫の愛撫に全身を任し切つた妻の姿形とはこんなものなのかと、私は初めて見るこの光景に恍惚となつて仕舞ひましたそして全神経をとがらせて浴槽の中の両人の上に注いでゐました。

今迄に、人の話で想像してゐた性の歓楽とか、閨房の秘事とかは、凡そ寝室の中で行はれるものとばかり思つてゐた私に執つては、この情景は余りにも異風景であり、刺激が強すぎたのでした。私は自分の身体の一部を硬直させ乍ら、矢鱈に唾を呑み込んで、一心に湯槽の中を見てゐました。そしてやがて変化を見せるであらうと、妙な期待をかけて大佐夫人の姿態から眼を離さないでゐたのです。

　ところが、奈何いふ理由か、両人の姿態は最初見た時と少しも変らないのです私はいふに云えない焦立たしいものを感じながら見てゐました。すると、突然何かに驚いたやうに、今迄夢を見るやうに閉されてゐた美根子夫人の美しい眼は、微かに開いたのです。そして如何にも倦るさうな眼差しを大佐の肩の辺りに一瞥投げたかと思ふと、急にムクムクと、その鮮麗な上半身を現はすのでした、と同時に夫人の行動とは反対に、大佐の上半身は、ズブズブと湯の中へ沈むやうに低くなるのでした、この二つの肉体の伸縮の開きは、必然的に夫人の七分身を露骨に私の視線の先に寫らさざるを得ない形となつて現はれたのです。

　私は初めて見る女性の裸体美に茫然となつて仕舞ひました。それは何んといふ均整のとれた、而も柔かみを有つた曲線でせう。噂に聞くロダンの彫刻「ベエゼ」の女の像とは恰度こんな豊潤なそして崇高な美を有つてゐる女性を表現したのではなからうかと思つたのでした。しかも今私が目前に見てゐる女性の姿は、彫刻でもなく人形でもないのです。正に生きてゐる一個の人間なのです。性に眼覚めきつた美根子夫人なのです。なだらかなその身体には脈々とした血が流れてゐるのです。全身からは、ハチ切れるやうな若い女性の息吹さへ感じ取れるのです、そして引き締まつた弾力性のある胸の辺りには、半円形の乳房が微かな鼓動を見せて、うつくやうな誘惑を湛へゐるではありませんか、而も、その二つの乳房から腹部のあたりへかけての起伏の滑らかさは湯に濡れて立つたがため一段と艶を見せるのです。その魅力には圧倒されずには居られませんでした。私は自分の身体中の血が逆上して、頭の一部で停止してしまひさうに感じました。そして私の覗いてゐる窓の隙間からは、しつきりなしに湯気に混つて夫人の白粉の香と、肌にしみ込んでしまつてゐる香水の匂ひが、流れ出て来るのでした。私はむせるやうな性欲感と闘ひ乍ら、次に現はれるであらう神秘の物に強い期待と好奇の眼をみはりました。

　見てはならない物のやうな女性の身体の一部、そして女性にとつては人に露はに見せる可からざる局所が、今やまともに、私の視線にぶつつからうとしてゐるのです、私は軽い戦きに似たものを感じ乍ら、一段と息を殺して夫人の体を見守りました。

　しかし、その悩ましい期待は瞬間にして消されたのです、そして更らに強烈な刺激を受けたのでした。何故なれば、当然浴槽から洗ひ場へ出るであらうと思つた夫人は、一つのポーズを見せて、浴槽の中に立つまま動かないのです、そして大理石のやうに艶々とした夫人の二本の肉柱の中央部には、半禿の大佐の顔が、人魚の肌に吸ひついた海月のやうに固着して動かなかつたからです。

　異様な、この姿態を見せつけられた私は、期せずして夫人の表情に眼が移りました。

　夫人は又もや眼を半ば閉じてゐるのです、そして交叉した両手で自身の胸を抱きしめるやうにし乍ら、時々、極く微かに上半身を左右に揺り動かしてゐるやうに見へました。さうした容姿が少時く続いてゐたかと思ふと、やがて、夫人の上半身は、支える力を失つたもののやうに浴槽の框に崩れて腰を落して行くのでした。すると、今迄湯の中に隠れてゐた、赤黒い大佐の全身が勃然と浮き上がつて来たかと思ふと、忽ち浴槽から外へ出る気配が見えました。そして幅の広い大佐の背中が、夫人の前に大きくクロズアップされたかと思ふと、大佐の身体と一緒に夫人の身体も、さらはれでもしたかのやうに浴槽の外へ運びだされて仕舞つたのでした。

　洗場の板間へ出てしまつた両人の姿は、残念乍ら私の視界からは見へなくなつてしまつたのです。もどかしいやうな気分に囚はれた私の神経は、今度は畳へと集注したのです。それは人間が或時期に到達すると、誰からも教へられないで、自然に想像の世界へ這入つていく本能の働きでした、私は斯うした場合に、当然展開されるであらう異性同士の歓楽の跳躍が、一つの形を描いて示してくれるものとばかり思つてゐたのです。しかしその想像の鋳型へ嵌あていくと思つた繪間は今や完全に私の視界から隔離されて仕舞つたのです。ですから、必然私の耳は一つの電磁気のやうな働きを示して繪圖に代る何かの音波を捉へて興味を満足させやうと焦り出したのでした。

　突如、澄みきつた私の耳元へは、飛んでもない方角から音波が傳はつて来たのです。それは、雇婆さんが、裏庭へ洗濯物を取り入れに来た音でした。私の位置は、そのほし物を取り除かれると直ぐ眼につき易いのです。私は妙な腹立たしさを抱き乍ら、足音を偸んで自分の部屋に戻りました。しかし、心の動揺と昂奮は仲々静まりませんでした。そして暫らくは、硬直して少しも軟化しさうにない肉塊の一部を抑へることに努めたのでしたそれでゐて、獲物を捕え損じた猟師のやうに私は風呂場の窓から眼を放しませんでした。すると感情は益々昂ぶつてくるので、遂に眼を閉ぢてその場へ寝転んでしまつたのです。でも、何うしてこんな場合に落つくことが出来ませう、体中が宛で舟にでも乗つてゐるやうで、固く閉ぢた眼瞼の裏には、今見てきたばかりの「異様な繪園」がどんな風に活動を続けられていくのかと想像すると体中はほてるばかりでした。

　そして私はぢつと美根子夫人のことを考へ始めるのでした、一体夫人は、あの醜い大佐を、本当に心から愛してゐるのだらうか、それともただあんな時に丈け機械的に肉欲の悦楽に耽つてゐるのであつて、真底には少しの感情には少しの感情も有つてゐないのではあるまいか、つまり、生理的に本能を満す対象としてゐるだけで、精神的な感情と、愉悦感は、他に求めやうとしてゐるのでは——。

　若しさうだとすれば、霊靈肉一如の愛欲のるつぼにひたり得た時の、美根子夫人の嬌態はどんなであらう。そしてその対象となり得た男性はどんな幸福な快楽に蕩酔出来るであらう——私は、それからそれへと美根子夫人の美貌と、優れた肢体を空に描き乍ら、限りない思慕の念にかられるのでした。

　その翌日でした、大佐は、美根子夫人を、まるで奴隷の如く扱ひ乍ら、頼りに自分の身の廻りの物を鞄に詰めさせてゐました。

　私は、自分だけが少しおくれた朝の食事を遠慮しながら喰べてゐました。そして時々奥座敷の大佐夫婦の動作を倫み見してゐたのです。大佐が突慳貪に夫人に用事を命じてゐる有様は、昨日湯殿で目撃した光景と、余りに違ひ過ぎるので、私は可笑しくもあり大佐を憐れむやうな気持ちになるのでした。でも当の夫人は大佐の苛酷な言動に対して至極平気なのです、寧ろ時々私の方を見て微笑を洩らすのです、私は自分の同情感を裏切られたやうな気持ちと、侠艶に近い夫人の表情に錯然とした物を感じたのでした。

「喬雄クン、空襲の時は注意し給へ…」

　靴を履きながら、こんな言葉を、玄関に残して大佐出て行きました。

「十日ばかり帰つて来ないのよ。」

　大佐を見送って、茶の間へ戻つて来や、うとする私の背中から、夫人はそんな言葉を滑せました。そして何時ものやうに好い薫りを発散させながら、べつたりと食卓の前へ座るのでした。私は昨日湯殿の中で見た時の夫人の裸体の美くしさを想起しないではゐられませんでした、そして何んとなく眩しいもののやうに夫人の顔を正当に見られなかつたのです。

　大佐が居ない時の夫人の態度には、一入私を魅了するものがあるのです。それは誇張していへば娼婦的型とも云ひ得るのですが、この夫人の発散する挙動や表情はそんなものではなく、最つと品が良くて、自然に惹きつける媚態なのです、そしてそれは、特に私に対した時に多分に見受けられるのでした。

　私は言いやうのない心の動揺を感じ出したのです、そして若さによる自信と、小悪魔的な征服欲が沸然と湧き上るやうに覚えるのでした。

　——俺は彼女を愛してゐるのだらうか？　何時の間にか、私の心は自問自答をはじめました。

　——俺が愛してゐることは確かだ、だが彼女は？……。

　——彼女も愛してゐるに違ひない、だが昨日の夕方見たあの行動は？……。

　——あれは、妻として当熱だ、それを問題にするのはどう云ふ理由なのだ？

　——……？　お前は嫉いてる乎？。

　——嫉いてゐるかも知れない。それは自分として当然ではないのか？

　——嫉くなんて卑劣だ、も少し外に方法があるだらう。

　——それは、どういふ意味だ、俺に不道徳を強ひるのか。

　——不道徳？　お前は道徳をそんなものだとしか思へないんだね？

　——……？

「喬雄さん、何考へてゐるの？　勉強のこと……」

「えッ——」

　私は情痴の妄想から叩き落されたやうにハツとしたのです。

　私の窮した返事を救ふやうに、其所へ雇婆さんが出て来てくれたのです。

「お済みになりましたか——」

　と云ひ乍ら、食器のよごれ物を運んで行きました。

　夫人は、婆さんの後姿を追ふやうに

「婆や、今日は朝の間にお湯に火を入れておいて頂戴い——」

　夫人のこの言葉を聞いた私は、妙に擽ぐつたいものを心に感じた、で何気なくその場を外して自分の部屋へ戻りましたそして更に強烈な妄想の世界を彷徨し始めたのでした。だが時がたつに従つて茶の間を逃げるやうにして此處へ戻つて来たことを後悔し始めたのです。何故もつと彼所にゐて夫人と種々な話を交はさなかつたのだらうと思ひました。夫人もそれを望んでゐたらしい風だつたことを想ひ合はすのでした、そして勇気のない羞かみつの自分を罵りたくなるのでした。同時に、自分自身を慰めるやうに、次のさうした機会を待つことに、うづくやうな愉しさを覚へました。

　早目の昼御飯を済ました婆やは、湯殿に火を入れてから夫人の用命を帯びてC市へ買物に出て行きました。

　深々とした立樹に囲はれた広い家の中には美根子夫人と、私の二人限りになつてしまつだのです。勿論今日迄の間にもこんなことは度々あつたのです、だのにどういふ訳か、その日に限つて、いやに魅惑的な雰囲気となつて、家全体が私に迫つてくるやうに感じられるのでした。

　私は、静かな部屋の中で、目的のない本の頁を繰つてゐました、併し、私の神経は嵐のやうに、この家の隅々にまで働きかけるのでした、そして片時も瞼の中から消へない美根子夫人の幻想を尚もつづけてゐたのです。

　遂に凝つとしてゐられなくなつた私は何かに託つけて夫人に接触しやうとしました、そしてそれには好いことを思ひついたのでした。私は強いて真直な態度を装ひ乍ら奥の庭敷へ進んで行つたのです

「奥さん……」

　呼びながら這入つた其所には、夫人の姿は見へませんでした、私は更に大佐の書斎の扉口から声をかけてみました、其所からも應えが無いのです。

　──さうだ！風呂場だ？

　さう想ふと、忽ち昨日見た情景が浮かんで堪らない好気心が擡げて来るのでした。私はその欲情を満す前提として、夫人の在否を確めるべく湯殿の扉口へ足を運んだのです。

「奥さん？　お居でですか！」

「喬雄さん？御用なの何ァに？」

「……否へ後で可いんです、大佐殿がお持ちの辞書を拝借しようと思ひまして……」

「さう──可いから御自由にお持ちなさいよ……」

「ええ……でも──」

　私はさう言つて、直ぐその場から去らうとしました。それは取りも直さず次に執る可き行動に急いだからです。處が、湯殿の中から、一段と明瞭な声で──

「喬雄さん、貴郎もお湯に這入つて来なさいよ──」

「ええ──はい……」

　親しさの垣を越えたやうな、夫人のこの突然の言葉に対して、私の返答は瞬間戸惑つてしまつたのです。

　すると又もや

「お厭、ほほほほ貴郎はまだ坊やぢやありませんか羞しがることないでせう──」

「──は……」

　私は、込み上げてくる嬉しさと、羞恥しさが溶け合つた一つの欲情が燃え立つてくるのを覚へました。そして自分といふものが、既に精神的に童貞でないことを意識したのでした。而も、夫人は夫人で、私を最早少年とは思つてゐないやうでした。だからこそ、私に少年らしく肯定せしめやうとする言葉て技巧を用ひたのてす。それを察知すると、私の性的感興は、一段と拍車をかけて昂まるのでした。

「お這入りなさいよ、一度お背中を流してあげたいから……」

「はい──」

　私は自分でも可笑しいくらい、少年らしい言葉用ひを残して、早速自分の部屋へタオルを取りに走りました。

　数分後、私は完全に、美根子夫人と共に湯殿の中に全裸体を並べてゐました。

　そして、湯にしたりながら、夫人の裸姿を、頭の先から肢体の端々まで、貪慾に眺めてゐました。

「さア、出て来なさい、お背中を洗つてあげませう──」

　と云つて、夫人は真つ白な柔軟い双手で、私の肩の辺りを抱きすくめるやうにしながら入念に流してくれるのでした。そして時々、すべすべした夫人の膝頭が挑発的な力を帯びて私の背中や、腰の辺りへぶつかるのです、その快よい感触と共に、夫人の身体からは、しつきりなしに、頭髪の油の匂ひや、白粉の香りが、私の鼻先へ衝いてくるのです。

　私は、云ひ様のない快感にしたり乍ら今度は、自分の手で思ふ存分夫人の背中に触れてみたい欲望にかり立てられたのです。

「僕も、流しませう──」

　大胆に、そしてそれは、返礼の意味をこめて言ひました。

「さう……ぢやア悪いけどお願ひしやうかしら──」

私は、こわごわ夫人の背中に両手を触れて流し初めました、何んといふ綺麗な肌なのでせう、何處に触れても興味を帯びてゐるのです、そして一種の抵抗力を失はない弾力性に富んだ肉の隆起は、私の指先きを喰ひ込むやうな心地よさを興へてくるのでした。

匂ひの良い石鹸の泡は、私の掌を翻弄するかのやうに夫人の背中全体を愛撫させました。

しかも、時々脇の下から胸の横へかけて、少し顔を覗かせてゐるふつくらとした乳房の裾の辺りへ掌が上りさうになるのでした。

その度に、私の心臓は動気をうちました。

少し俯向き加減になつた夫人の首筋へ流れてゐる美くしい髪の生え際を見てゐると、私は偶と、昨日、この湯殿を外部から隙見した時のことを思ひ浮べたのです。そして同時に、夫人の身体の中にはまだ他に、魅力を湛へた神秘のヶ所のあることを想像したのです。而も今こそハツキリ、眼前にそれを見ることが出来る機会にあるのだと思ふと急に、身体中が引き締るやうになるのでした。

そして夫人の身体から発散する煽情的な物はいやが上にも、私の官能をそそり立てるのでした、宛で憑物のやうになつた私の身体の一部は、又しても、天狗のお面のやうに硬直するのでした。

私は、夫人の首筋へ、熱い息を吹きつけ乍ら、昂奮の余り、危ふく倒れかかりさうになりました。此時偶然にも、何思つたか、夫人は、その下半身をずらすやうにして私の方に退り気味になつたのです、端なくも、私の硬直面は、夫人の背筋の末端に向つて挫くやうにぶつかつたのです。私はその瞬間の心よい痛さを忘れて、ハツと顔の赤くなるのを覚へました。

「アラツ……」

夫人は軽い驚きを見せて一寸私の方を振り向きました。そのときの夫人の敏感な視線は私の全身を悉く見て仕舞つたやうでした。

私は、云ひやうのない恥かしさを包んで浴槽中へ飛び込みました。

「……喬雄さん――とても御立派なのねホホホホ」

嬌艶な笑ひを見せて、さう言つた夫人の顔にも、薄く紅潮を見せてゐたのです

私は、夫人から自分の身体の何處を立派と指されたのか、此時は解せませんでした。

やがて、夫人は私が入浴つてゐる広くもない湯槽の中へ割り込んで這入つて来るのでした。

「喬雄さん、先刻、本を何うとか言つてましたわね」

「は……」

実は私には最うその必要はなかつたのです。

「宅の書斎には、とても面白い御本があるのよ、お読みになつたことがあつて?……」

「何んの本です――」

「――聊斉誌異って御本」

と言乍ら、そつと私の顔を盗み見るです。

私は、全然未見の本だつたので、首をふりました。

「今晩、私の部屋へ来なさいな、お見せするから――」

「はア――」

私は、その本が何んなに面白い内容であるよりも、再び夜になつてから夫人と語り合へることに無上の嬉しさを覚へたのでした。

★

その日、私は昏れるのを待ちあぐねました。そして盡きない官能の享楽と、何物にも譬へ方ないスリルの快美に憧れを有つやうになつたのです。

謎のやうな愛欲の審美と、人間の本能性の極致を孕んで行くやうに、静かな此家へ夜の帳りが降下りてきました。

陽が沈むにつれて、私は私自身に運命的な裁断を加へでもするやうな、一種の不安と、焦燥に駆られるのでした。

私が、甘美な夢想に耽つてゐる時でした、それを破るやうに、突如、遠くの方から警報のサイレンが吹鳴し出したのです。しかもそれは、耳を澄ますと、連続的な空襲警報でした、私はいつものやうに簡単な申訳けだけの防空服装に身を固めました。奥からは美根子夫人が、小憎いほど落着いた口調で

「喬雄さんB29の編隊ですつて」

言ひ乍ら、部屋々々の電燈のスヰツチをひねつてゐました。

私は懐中電燈を手にして奥座敷へ進みました。

「喬雄さん、今夜は■いかも知れませんよ、それに少し激しいやうだから壕へ這入りませうよ、ねエ……」

「婆やは奈何したのかなア――」

「何所かの壕に入れさせて貰ってゐるでせう――」

やがて、私と夫人は、地下何尺かに作つた、完全無欠だといふ大佐自慢の防空壕へ待避したのです。其處は階段式になつた、三畳敷ばかりの地下壕舎でした、部屋にはトランクだとか、貴重な家具の他に、乾燥食料等も■周到に準備されてある理想的な地下壕でした。

そして、外部へは絶対に光線の洩れない十燗ぐらいの

電燈も用意されてゐるのです、しかも其處には昨日据えつけたばかりの、新らしい小型のラヂオ・セットが置かれてありました。

私達二人が壕の中へ下りると、夫人はへの字形になつた蓋を内部からピタリと防めてしまひました。そして二人の身体は、外界と隔離した、別世界のやうなこの地下室へ呑み込まれてしまつたのでした。

「萬一、爆死した時に誰かに言はれさうだから矢張り着換へて置きませうね。」

さう言ひ乍ら、夫人は天井に頭の問えさうな壕舎の中で、その部屋に用意されてある防空服を引き出して着換へ始めるのでした。

狭い壕舎の中で着衣を換へて行く夫人の動作は、私の眼を遮ぎることは出来ませんでした。見まいとしても眼に寫る大人の肢体は私の官能を嬲るやうにチラチラするのです、そればかりか、性情を誘ふやうな、着衣の匂ひは、私の神経をいやが上にも煽り立てるのでした。殊に昼間、湯殿の中で強い刺激を享けてゐるだけに、私の感情は、以前と違つた強さと勇気を加へてゐたのです、而もそれが言葉の上にも表はれさらに思へました。

私は、ラヂオのスヰツチを入れました放送は頼りに敵機の行動を報じてゐました、それを聴いてゐると私達の描いてゐる此場の情景とは、余りにも不釣合ひのやうに響くのでした。

「大丈夫よ喬雄さん、消しときませうよ。」

私は夫人の大胆さと、戦争に対する無関心ぶりに驚くのでした。そしてこれが陸軍大佐夫人かと思ふと不可解な気がするのでした。

「……でも」

と言ひ乍ら、スヰツチをそのままにしました。すると夫人は、拗ね気味な表情を見せて帯解きのまま、脛も露はに、私の前へ大股に進んで来て、ラヂオのスヰツチを捻らうとしました。私は妙な反抗心が出て、その手を抑へました。

「聴きませう――」

「いや――」

夫人の手と私の手は、しばしセットの前で縺れて争ひました。

必要以外な誇張を示した夫人の動作は私の身体を倒さんばかりにしました。私も変則な快感を味ひ乍ら、負けてゐないでやや遠慮気味に夫人に挑みかかりました。

「まア……それ丈けなの、喬雄さんの力?」

この言葉にあほられるやうになつた私は俄に元気よく夫人の身体を逆に押し倒すやうにしました。すると、夫人は何うしたのか急に力を抜いて仕舞ふのでした機みを喰つた私の身体は、まともに夫人の上へかぶさるやうになりました、そして美くしい夫人の顔は白粉の匂ひと一緒に私の鼻の先きにすれすれに接近したのです。

瞬間、私の理性は失ひました。そして狂ほしいやうな情熱の火は私の唇を夫人の頬の辺りに吸ひつかせてゐました。すると夫人は、慌ただしく私の唇を自分の唇へ當てがふのでした。私は夫人の態度に驚く間もなく、絶妙の歓喜に雀躍りして、生れて初めての接吻を味はつたのでした。そして暫らくは、私の武骨な腕の力は、何んの技巧もなく、ただ昂奮のまま夫人の身体を抱き締めてゐたのです。

でも優しい夫人の手は、私の抱擁から静かに抜き取つて、汗ばんでゐる私の身体に風を入れてでもくれるやうに、上着のボタンを外したりヅボンのバンドを外してくれてゐました。私はその夫人の行動を夢を見てゐるやうな気持ちで甘え乍ら感じてゐたのです。

越えるべからさる垣を越して仕舞つた私は、身も魂も今は夫人の胸の裡に溶け込んで仕舞ひたいやうな気持ちに支配されてゐました。ですから当然、夫人の為すが儘に任せるとともに、夫人の執るであらう行動の変化を待ち構へてゐたのです。

夫人は、私の手や指先きを、私の未経験の神秘境へ誘導してくれました。そして湧き出でる泉の中へ――。

而もそれは、夫人をして絶妙の歓喜に酔はしめたやうでした。それ許りか、夫人のつぶらな魅力的な両の眼からは涙さへ出させたのです。それは決つして悲しみ涙では勿論ありません。快美と快感の最高の物を体験した時に起る生理上の自然的発生だつたのです。

★

夫人に対する愛慕と、灼くが如き情熱は今尚私に績かせてゐるのです。しかもH大佐は既に戦犯として絞首刑に處されて此世を去つたのですから、私と美根子夫人は、堂々と新世界に愛情生活の極致を、展開出来るのです。

収録カストリ雑誌 書誌情報一覧

本書に収録したカストリ雑誌の書誌情報をまとめた。五十音順で並べ、記載の無いものは空白のままとした。頁数は、本文と表紙を合計した数値。年号はすべて昭和で、価格の単位は円（小数点以下は、銭）となっている。※○は判読不能

タイトル	発行 年	発行 月	頁数	価格	発行人	編集人	発行所	発行所住所	印刷所	印刷所住所
愛慾奇譚	24	9	52	50	齋蔵武昌	齋蔵武昌	北国図書出版社	富山県富山市総曲輪305		
赤と黒	21	9	52	30	永瀬慎典	峯岸義一	リファイン社	東京都中央区槇町1-3城辺ビル	大東印刷株式会社	東京都中央区新富町2-19
アベック	23	7	56	35	森山太郎	森山太郎	アベック社	東京都千代田区神田仲町2-10	若草印刷所	東京都文京区小石川1-1
あべっく	23	6	36	25	衣綿定治良	小山泰山	アベック社	京都府京都市中京区烏丸通丸田町西入		
一流	23	7	36	27	浅野保	浅野保	パレス社	愛知県中村区中村町6-25	日大印刷株式会社	愛知県名古屋市西区西菊井町3-8
VAN	21	5	56	3.5	上村甚四郎	伊藤逸平	イヴニングスター社	東京都京橋区銀座6-3	帝都印刷株式会社	東京都板橋区板橋町3-64
ヴィナス	22	5	52	30	宇佐美稔	宇佐美稔	耽美館	東京都文京区根津宮永町29		
動く小説と実話	23	7	34	28	松本力	松本力	クラブ社	東京都渋谷区千駄谷4-799	クラブ社印刷部	
うら・おもて	23	6	20	20	中野淳	中野淳	銀柳書房	東京都中央区銀座4-2	中華日報印刷工場	東京都新宿区新宿2-79
裏の裏	23	3	44	25	佐藤忠	道正良二	佐田書房	東京都港区南佐久間町2-8	大東印刷株式会社	
エロス	23	5	36	25	濃尾宏	濃尾宏	朝日出版社	愛知県名古屋市西区西菊井町3-8		
エンゲージ	23	10	40	30	中村瞬二	稲葉健吉	東京都結婚補導協会	東京都千代田区神田須田町2-55	東映社	東京都中央区京橋1-3
エンゼル	23	6	36	30	南聖二	南聖二	北青社書房	東京都中野区打越町22	三有社 土田正五	東京都中野区中野駅前12
艶麗	23	4	44	28	豊田穣	豊田穣	双立社	岐阜県岐阜市神田町6-15	太洋社	岐阜県岐阜市平河町
オーケー	22	12	36	20	田中裕彦	島田順二	オーケー社	東京都中央区銀座8-2出雲ビル56		
オール大衆	23	7	36	30	小川博之	小川博之	朝日出版社	愛知県名古屋市西区西菊井町3-8	日大印刷株式会社菊井工場	愛知県名古屋市西区西菊井町3-8
オールナイト	23	6	38	30	里木小二郎	里木小二郎	耽美社	東京都千代田区神田須田町1-20		
オール不夜城	23	6	40	30	中野政治	中野政治	光楽書房	東京都世田谷区三軒茶屋158	大庭印刷所	東京都世田谷区太子堂357
オール夜話	24	7	42	40	横山利克	横山利克	緑文社	岐阜県岐阜市上太田町5	緑文社印刷所	
オールロマンス	23	4	36	20	本多喜久夫	本多喜久夫	オールロマンス社	東京都品川区東大崎5	中外印刷株式会社	東京都千代田区西神田2-11
女	23	5	36	25	山川清治	山川清治	女社	東京都台東区浅草日本堤1-5		
カーニバル	23	5	40	30	高橋福雄	曾田博哉	石狩書房	東京都文京区本郷真砂町15	文化印刷株式会社	東京都千代田区神田神保町1-46
怪奇実話	24	3	40	40	前田房次	前田房次	実話出版社	東京都豊島区目白町3-3596	第二常盤印刷所	東京都文京区初音町15
鏡	23	8	60	35	笹川吉雄	藤井田鶴子	鏡書房	東京都中央区銀座西6-3	日興印刷株式会社	東京都板橋区志村町1-1
歓楽の泉	24	10	48	50	西喜作	西喜作	栄光社	岐阜県岐阜市柳町17	栄光社印刷所	

タイトル	発行年	発行月	頁数	価格	発行人	編集人	発行所	発行所住所	印刷所	印刷所住所
綺談	23	6	56	25	石神安雄	石神安雄	石神書店	東京都千代田区神保町3-17	共同印刷株式会社	東京都文京区久堅町108
キャバレー	23	2	44	25	小松節	足立幸嘉	小松書房	東京都港区芝新橋2-30	山村印刷株式会社	東京都港区芝新堀町31
共楽	22	7	36	20	岩下義秋	岩下義秋	蓬書房	東京都渋谷区代々木本町851	岩下義秋	
禁断の実	23	5	32	27	片岡元治	片岡元治	片岡元治	愛知県名古屋市中村区中島町	マガジン社印刷所	
くいーん	22	3	46	15	齋藤康弘	齋藤康弘	くいーん編集部	東京都神田区須田町1-5	株式会社共栄舎	東京都神田区小川町2-7
月刊実話	23	3	36	25	坂上秋良	坂上秋良	実話新聞社	東京都千代田区神田神保町1-46	保科清春	
検察トピック	23	5	44	30	本田義宜	本田義宜	三芳書房	東京都中央区日本橋箱崎町3-7	共同印刷株式会社	東京都文京区久堅町108
好色実話	24	8	36	30	福田敏之	福田敏之	ミモザ館	東京都千代田区西神田2-3		
好色読本	24	9	52	50	多田仙太郎	多田仙太郎	多田仙太郎	東京都北多摩郡吉祥寺町2-103		
好色文庫	24	5	36	60	古川仁人	古川仁人	古典文学研究所	大阪府大阪市浪速区吉野町3		
幸福の泉	24	8	36	35	木村元治	木村元治	緑光社	東京都港区芝南佐久間町1-52	田島一雄	
幸福の友	23	5	36	28	四海静	木村元治	新風社	東京都港区芝南佐久間町1-52	東京印刷工業株式会社	東京都千代田区神田三崎町1-1
コーラス	23	7	40	30	肥野肇潤	横山重喜	民生本社	東京都江戸川区上一色町928	明光印刷株式会社	
三道楽	23	10	42	35	松村勇	松村勇	文化事業社	東京都台東区浅草永住町18	東京証券印刷株式会社	東京都北区神谷町1-482
色道大鑑	23	11	56	49	小坂兎喜雄		五色文庫	東京都千代田区神田神保町3-10	大日本印刷株式会社	東京都新宿区市ヶ谷加賀町1-12
地獄	23	4	36	20	土田利明	土田利明	異人館	東京都杉並区井荻2-37	菅野正一	
実話	23	1	36	20	山形修次	山形修次	キヌタ書房	東京都世田谷区成城町671		
実話東京	24	11	40	45	岩波信三	岩波信三	イヴニング社	東京都千代田区神田神保町1-40	岩波信三	
実話ロマンス	23	2	44	25	木谷宏	木谷宏	木谷書房	東京都世田谷区祖師谷2-378	関根竹四郎	東京都新宿区大京町28
社会探訪	24	4	46	45	小山貞徳	歌田正司	社会探訪社	東京都中央区銀座	社会探訪印刷所	東京都中央区銀座
シャンデリア	24	1	56	45	田中靖啓	田中靖啓	ノーブル出版	東京都文京区八千代町38	三和印刷株式会社	東京都文京区戸崎町14
情炎	24	5	76	70	北星史	北星史	金星社	大阪府大阪市南区周防町御津ビル		
情艶	24	9	36	50			章町出版社	愛知県名古屋市中区呉昭町325		
小説世界	23	7	46	35	山縣初太郎	吉田映二	北光書房	東京都中央区銀座7-4	文化印刷株式会社	東京都千代田区神田神保町1-46
情痴の顔	22	2	36	23	上田俊男	上田俊男	パトス	東京都中央区日本橋蛎殻町1-36	佐久間信三	東京都中央区入舟町2-11
情熱	24	9	58	60	北田英穂	北田英穂	大阪出版社	東京都千代田区神田錦町3-13		
情話界	24	10	36	50	梅沢保彦	梅沢保彦	紫煙社	東京都中野区本郷通り3-12	紫煙社印刷部	
情話読物	24	10	88	80	梅沢保彦	梅沢保彦	紫煙社	東京都中野区本郷通り3-12	紫煙社印刷部	
新青春	23	6	36	25	津賀繁	山田圭一	三國書房	大阪府豊中市桜塚元町4-77	津賀繁	
新世相	23	3	42	25	横田博	横田博	新世相社	東京都文京区戸崎町71	小泉印刷株式会社	東京都文京区戸崎町71
新漫画	24	10	52	50	金光好雄	植木繁	桃園書房	東京都千代田区神田多町2-2	二葉印刷株式会社	東京都北区稲付町1-208
新猟奇苑	24	4	44	40	折口龍三	折口龍三	新猟奇社	東京都北多摩郡町田町412		

タイトル	発行年	発行月	頁数	価格	発行人	編集人	発行所	発行所住所	印刷所	印刷所住所
スバル	22	12	36	20	後藤竹志	後藤竹志	万国新報社	東京都千代田区神田多町2-11	小泉輝章	東京都文京区戸崎町71
スリラー	22	11	36	20	岡松克己	岡松克己	スリラー社	東京都中野区昭和通2-32	東京印刷工業株式会社	
青春クラブ	24	11	76	65	大海新一	大海新一	テラス社	愛知県名古屋市中村区大船町3-20	名古屋明和印刷株式会社	
青春時代	23	6	36	25	前田松知	前田松知	セブンスター社	東京都港区芝南佐久間町2-8	白進社印刷所	東京都中央区入船町2-3
青春実話	24	11	54	40	原ひさ	原ひさ	青春実話社	東京都千代田区神田神保町1-40	八木原重太郎	東京都千代田区猿楽町1-7
性文化	22	2	62	28	金光好雄	金光好雄	畝書房	東京都千代田区神田神保町1-14	文化印刷株式会社	東京都千代田区神田神保町1-46
世界の女	23	6	36	30	山村泰衛	山村泰衛	パリ書房	東京都千代田区神田小川町2-6		
赤裸々	24	8	46	45	橋本達也	橋本達也	栄光社	岐阜県岐阜市茨木町12	栄光社印刷所	
千一夜	23	6	44	30	有吉玄蔵	有吉玄蔵	明星社	東京都荒川区日暮里町2-20		
第一読物	23	12	54	45	武内俊三	北村秀雄	雄鶏社	東京都中央区日本橋江戸橋1-7山村ビル5階	東光印刷株式会社	東京都江戸川区平井2-410
たのしみ	23	8	36	30	小栗緑風	小栗緑風	総合文庫	愛知県名古屋市中区和泉町2-9	千代田印刷株式会社	
耽奇	24	11	54	50	東盛朗	東盛朗	新世界社	大阪府堺市三国丘御幸通40		
だんらん	23	2	44	25	田部喜太郎	田部喜太郎	興文社	岡山県玉野市田井7351		
チャンス	24	10	52	60	右原義人	中川仁良	チャンス社			
天国	23	6	36	25	石田博美	石田博美	新興文芸社	大阪府大阪市阿倍野区天王寺町3427	相互印刷株式会社	大阪府大阪市東住吉区桑津町
東京クラブ	24	8	52	60	高田保	山田一郎	東京クラブ社	東京都千代田区神保町2	谷口羊	
東京ローズ	24	7	52	45	陸宗憲	阿久津正夫	東京ローズ社	東京都江戸川区小岩4	三谷洋	
都会ロマン	24	8	76	65	高嶺明	高嶺明	南潮社	大阪府大阪市北区堂島上3	ユニオン印刷株式会社	
ナイト	23	1	52	25	足立幸嘉	足立幸嘉	出版社ナイト	東京都港区芝新橋2-30	山村印刷株式会社	東京都港区芝新堀町31
ナイトクラブ	24	7	36	35	木村元治	木村元治	緑光社	東京都港区芝南佐久間町1-52	深沢光雄	
ナンバーワン	22	9	36	20	高橋義夫	大井戸東洋	ナンバーワン社	東京都中央区銀座8-2出雲ビル	共文印刷有限会社	
肉体	24	12	56	50	神谷豊	加藤寿雄	桜文社	岐阜県岐阜市3-6	桜文社印刷部	
人間復興	22	6	52	25	西村圭三	高橋鐵	リファイン社	東京都中央区槇町1-5城辺ビル	合同印刷株式会社	東京都港区芝三田四国町17
パッション	23	10	36	35	二上時雄	二上時雄	新実話新聞社	東京都千代田区神田駿河台3-7	新実話新聞印刷部	東京都千代田区神田駿河台3-7
ハッピイ	23	5	44	30	土田利明	土田利明	異人館	東京都中央区日本橋4-8	大西太郎	
ハロー	24	7	52	50	畠山義男	畠山義男	リーベ	東京都千代田区神田駿河台〇-5	株式会社文明社	東京都千代田区神田駿河台1-1
パン	23	1	36	20	犬塚信次	犬塚信次	新世社	東京都江戸川区小岩町3-1653	双詢社	東京都千代田区神田淡路町2-4
犯罪実話	22	7	52	20	金光好雄		畝書房	東京都千代田区神田神保町1-14	二葉印刷株式会社	東京都北区稲付町1-208
犯罪読物	22	3	36	15	畠山晴行	指方龍二	犯罪科学社	東京都渋谷区大和田町44	大日本印刷株式会社	東京都新宿区市ヶ谷加賀町1-12
ピエロ	24	11	72	50	川嶋龍一	川嶋龍一	ピエロ社	東京都目黒区中根町1794	小泉印刷株式会社	東京都文京区戸崎町71
ピンアップ	21	8	48	5	池上輝雄	池上輝雄	国際文化興業社	東京都京橋区木挽町5-4	共同印刷株式会社	東京都日本橋区兜町3-1
ピンク	23	4	36	25	白川正雄	白川正雄	ピンク社	東京都荒川区三河島3-250	吉田実	

タイトル	発行 年	発行 月	頁数	価格	発行人	編集人	発行所	発行所住所	印刷所	印刷所住所
フーダニット	22	11	40	23	鈴木保里	鈴木保里	犯罪科学研究所	東京都千代田区有楽町1-14砂本ビル	大日本印刷株式会社	
夫婦雑誌	24	8	44	45	布川俊夫	布川俊夫	泰平書房	東京都世田谷区祖師谷2-378		
夫婦と青春	25	1	70	65	浜崎積三	浜崎積三	夫婦と青春社	東京都目黒区中根町1794	小泉印刷株式会社	東京都文京区戸崎71
ブラック	24	4	36	40	大石健二	西江紀與志	文藝新社	東京都豊島区西巣鴨2-1886	株式会社文明社	東京都千代田区神田司町1-1
ふれっしゅ	23	6	36	25	中尾富蔵	中尾富蔵	近畿出版	大阪府大阪市住吉区帝塚山東4-34	昭和印刷株式会社	大阪市西区江戸堀南通2
文藝倶楽部	24	1	68	55	石井麟作	石井麟作	文藝倶楽部社	東京都品川区大井元芝町704	株式会社佐藤印刷所	東京都中央区港町3-5
ベラミ	25	8	56	70	細川健治	細川健治	紫文閣	東京都千代田区代官町2		
抱擁	24	4	42	40	村井清一	村井清一	ホーヨー社	岐阜県岐阜市柳沢町20	ホーヨー社印刷部	
マダム	23	2	36	20	室伏美喜	遠山孝	マダム出版	東京都大田区新井宿2-1478	秀英社	東京都中央区新富町3-2
摩天楼	23	5	40	25	古市淳	古市淳	西銀座書房	東京都中央区銀座西5-3（飯島ビル）	五十嵐三吉	
モダン小説	23	10	90	70	小瀬村二郎	近藤達夫	モダン画報社	東京都千代田区神田淡路町2-25	明和印刷株式会社	東京都千代田区神田神保町3-29
モデル	24	9	44	40	鎌田正夫	鎌田正夫	出版社モデル	熊本県熊本市九品寺386		
ユニーク	23	4	26	18	小野瀬広	小野瀬広	新樹書房	東京都足立区千住4-47	日本紙工印刷合資会社	埼玉縣北足立郡谷塚町瀬崎102
妖艶	23	2	36	20	田中三次郎	田中三次郎	モダン読物社	京都府京都市下鴨蓼倉町39	三條平版印刷所	京都府京都市柳馬場通三条上ル
妖奇読物	24	8	36	50	国際文化出版部	国際文化出版部	国際文化出版部	東京都中央区日本橋本町1-12	山形印刷所	東京都港区南佐久間町1-53
妖婦	24	8	36	50	国際文化出版部	国際文化出版部	国際文化出版部	東京都中央区銀座西7-1	大黒印刷株式会社	東京都千代田区内幸町3-2
読物サロン	24	12	76	60	楠駿二	楠駿二	読物サロン社	東京都千代田区神田神保町1-34	松浦九一郎	東京都千代田区猿楽町2-5
読物と実話	23	9	52	35	安田夢生		耽美社	東京都千代田区須田町1-20	安田夢生	
裸女苑	24	10	36	40	杉本富士男	杉本富士男	裸女苑社	東京都文京区福山町10	三和印刷所	東京都文京区福山町10
ラブファン	23	6	40	30	矢沢貴一	潮克三	双葉社	岐阜県岐阜市玉宮町1-17-2		
らづりい	22	9	52	30	宇佐美稔	宇佐美稔	新浪漫派社	東京都目黒区下目黒2-392	太平印刷社	
リーベ	22	1	36	20	リーベ社		リーベ社	東京都神保町3-17		
					和泉仁		和泉仁	岐阜県岐阜市柳ヶ瀬町4-3		
りべらる	21	1	38	1.2	吉田一郎	町田進	太虚堂書房	東京都本郷区元町1-13	小坂猛	東京都牛込区市谷加賀町1-12
猟奇	21	10	52	20	加藤幸雄	加藤幸雄	茜書房	東京都世田谷区若林町479	永進社印刷所	東京都北多摩郡小平町堀野中530
猟奇世界	24	11	56	50	由利省三	由利省三	西武書房	東京都中野区沼袋町267	社陵印刷	東京都文京区春日町3-4
猟奇ゼミナール	23	1	36	20	伏屋甚吉	伏屋甚吉	世相研究社	東京都目黒区中根町8	第一印刷株式会社	
猟奇読物	23	4	36	25	黒木小二郎	黒木小二郎	耽美社	東京都千代田区須田町1-20		
ワンカット	23	2	36	22	中田忠直	中田忠直	ワンカット社	東京都文京区本郷真砂町15	東興印刷株式会社	東京都千代田区丸の内3-12

目次コレクション

カストリ雑誌の目次は、表紙に劣らず当時（昭和20年代前半）の世相を垣間見る材料として優れている。そこで、本書で掲載したカストリ雑誌創刊号のうち、視覚的にも楽しめる目次を中心に収録した。当時の名も無い市井のイラストレーターたちが遺した仕事である。また一部のカストリ雑誌には、著名作家が寄稿していた。よく知られた作家の名前があるものも優先的に取り上げ、掲載作品名などを付記している。

『オーケー』昭和22年12月（○三四ページ掲載）
※田村泰次郎「肉体解放論」収録

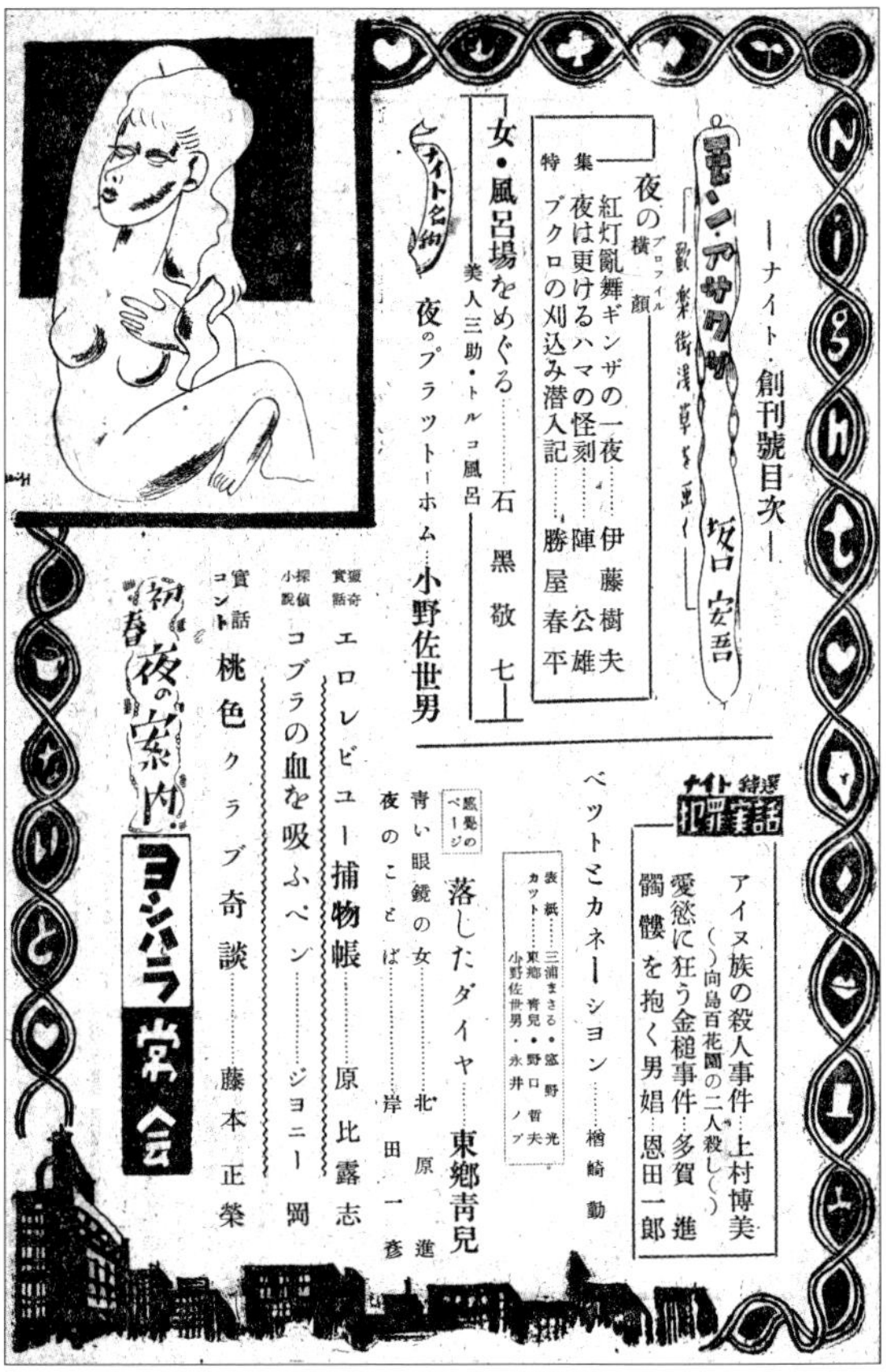

『ナイト』昭和23年1月（○四九ページ掲載）
※坂口安吾「モン・アサクサ」収録

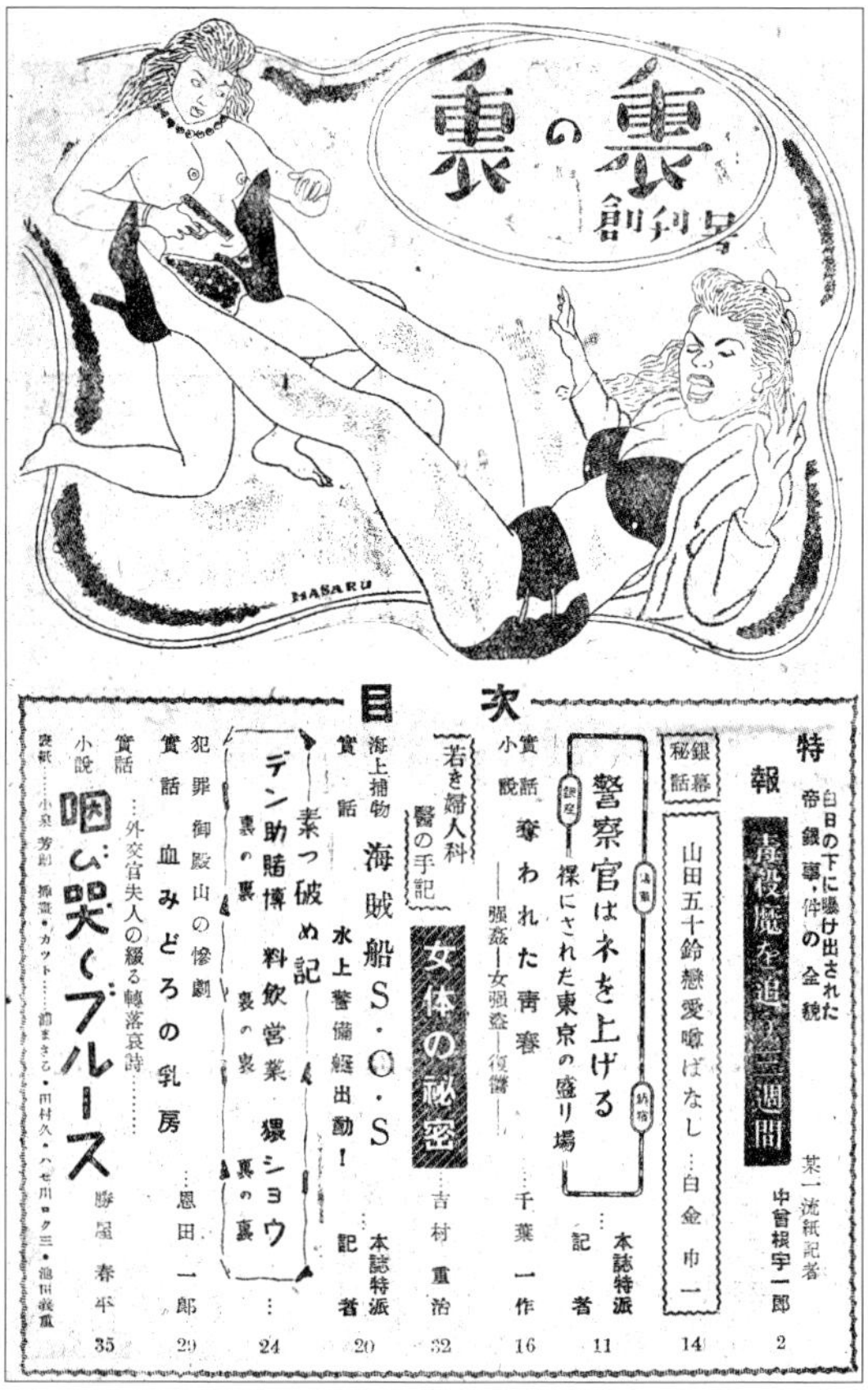

『裏の裏』昭和23年3月（○五八ページ掲載）

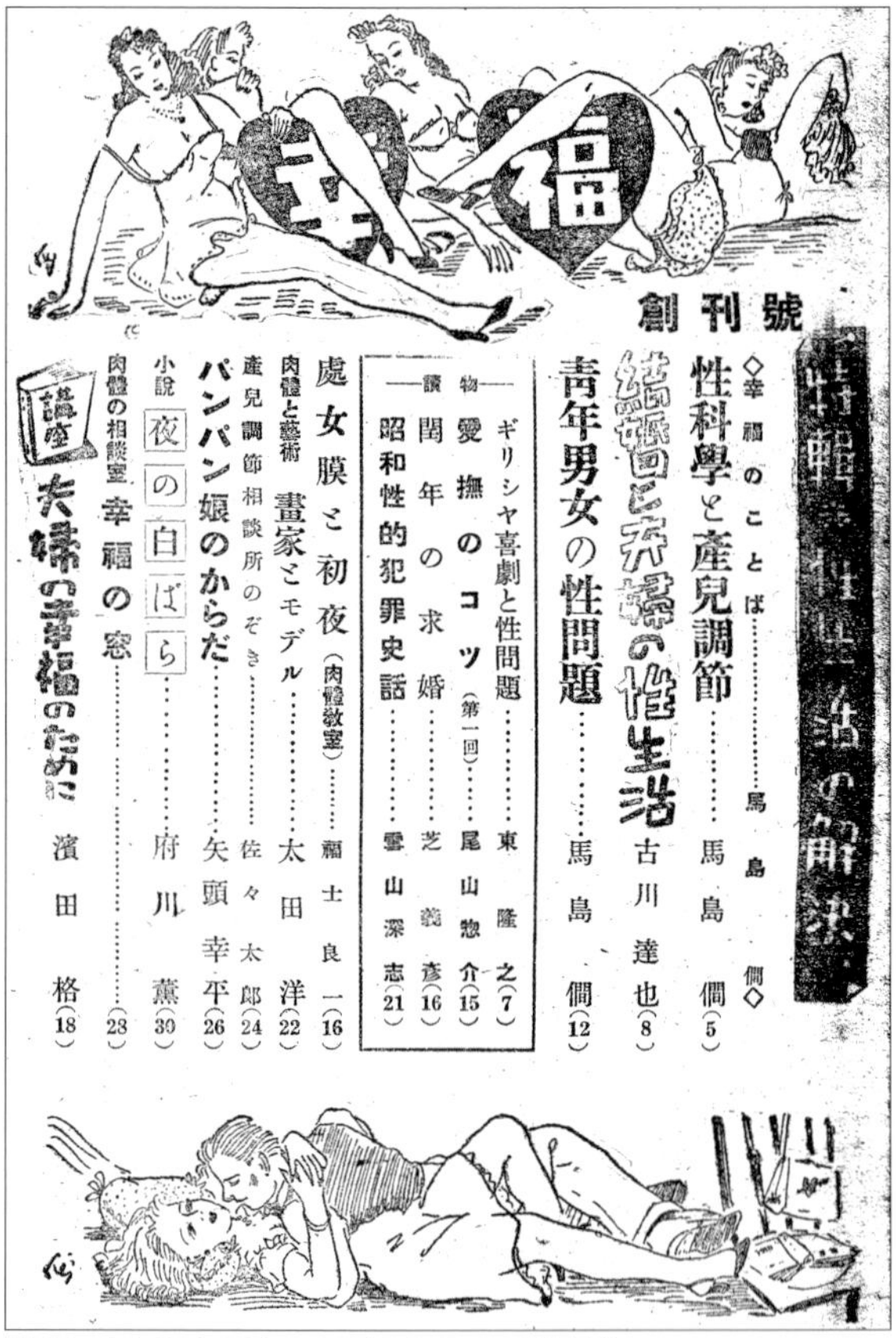
幸福
創刊號
特輯 性生活の解決

『幸福の友』昭和23年5月(○七○ページ掲載)

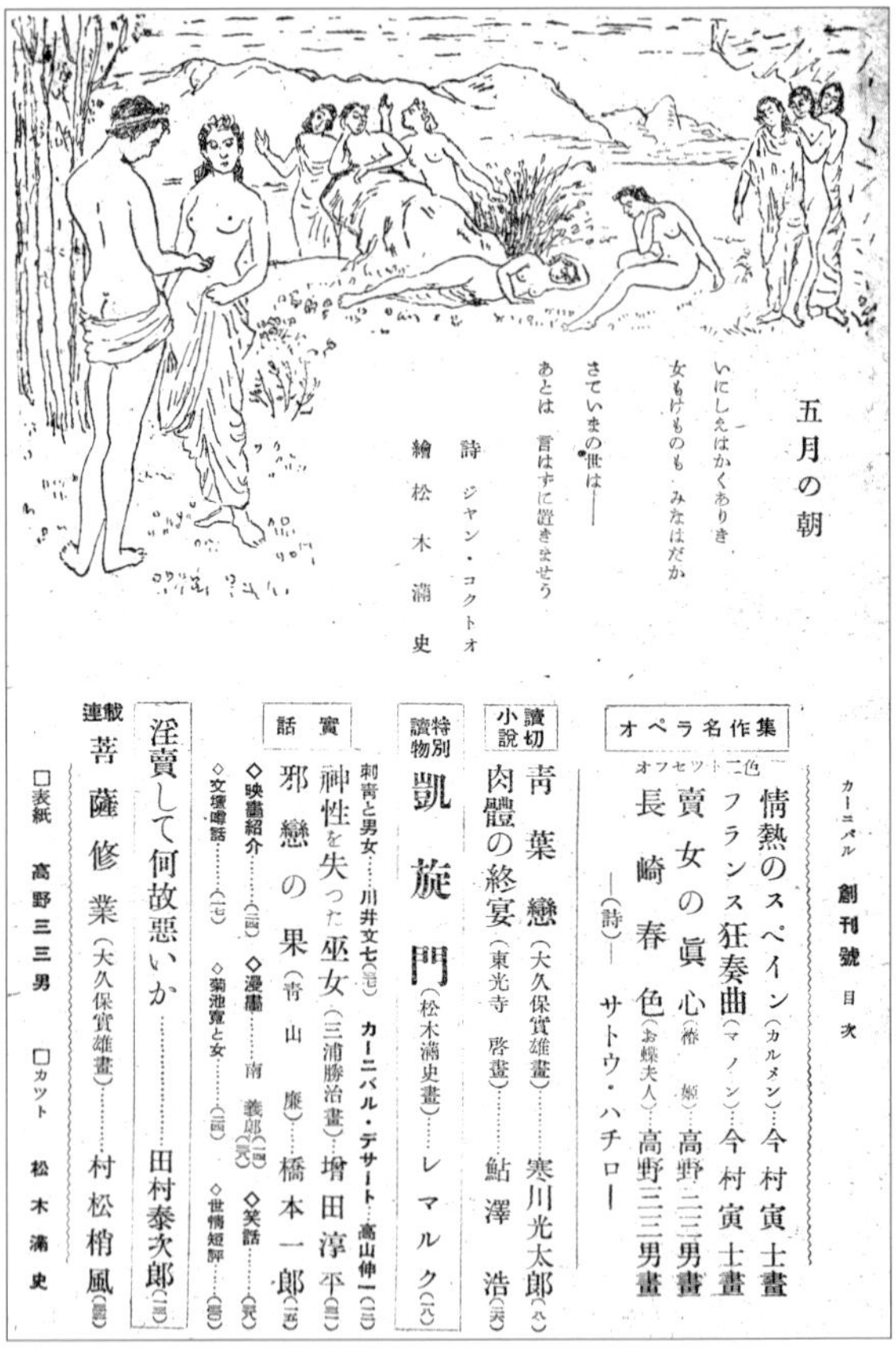
五月の朝
いにしえはかくありき
女もけものも みなはだか
さていまの世は──
あとは 言はずに置きませう
詩 ジャン・コクトォ
繪 松木滿史

カーニバル 創刊號 目次

『カーニバル』昭和23年5月(○六八ページ掲載)
※田村泰次郎「淫売して何故悪いか」収録

新猟奇苑 創刊号
古今東西▽△艶笑コント集

『新猟奇苑』昭和24年4月(一一二ページ掲載)

千一夜
創刊号目次

『千一夜』昭和23年6月(○八一ページ掲載)
※徳川夢声「無恥無恥時代」収録

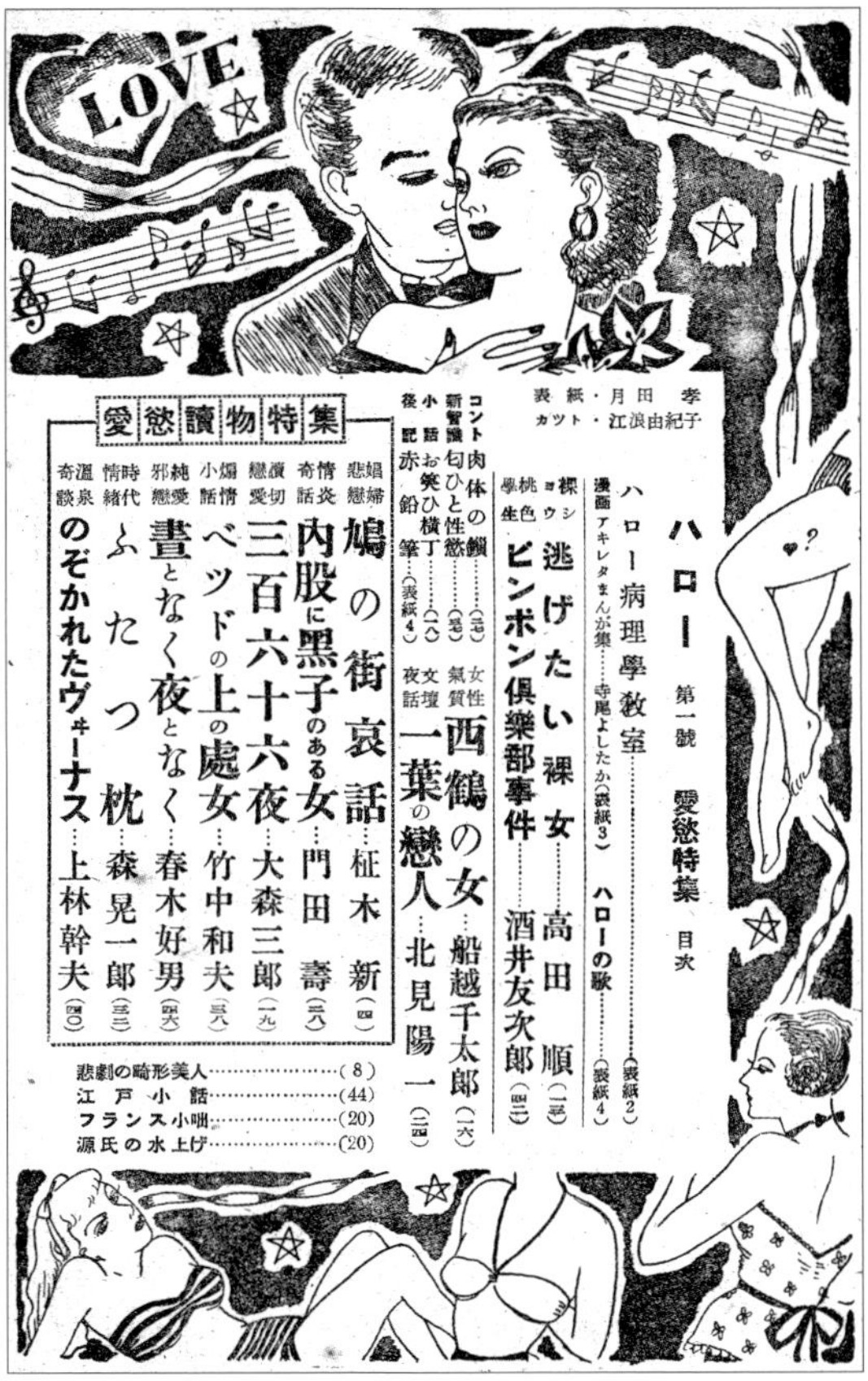

『ハロー』昭和24年7月（一一九ページ掲載）

『ブラック』昭和24年4月（一一三ページ掲載）

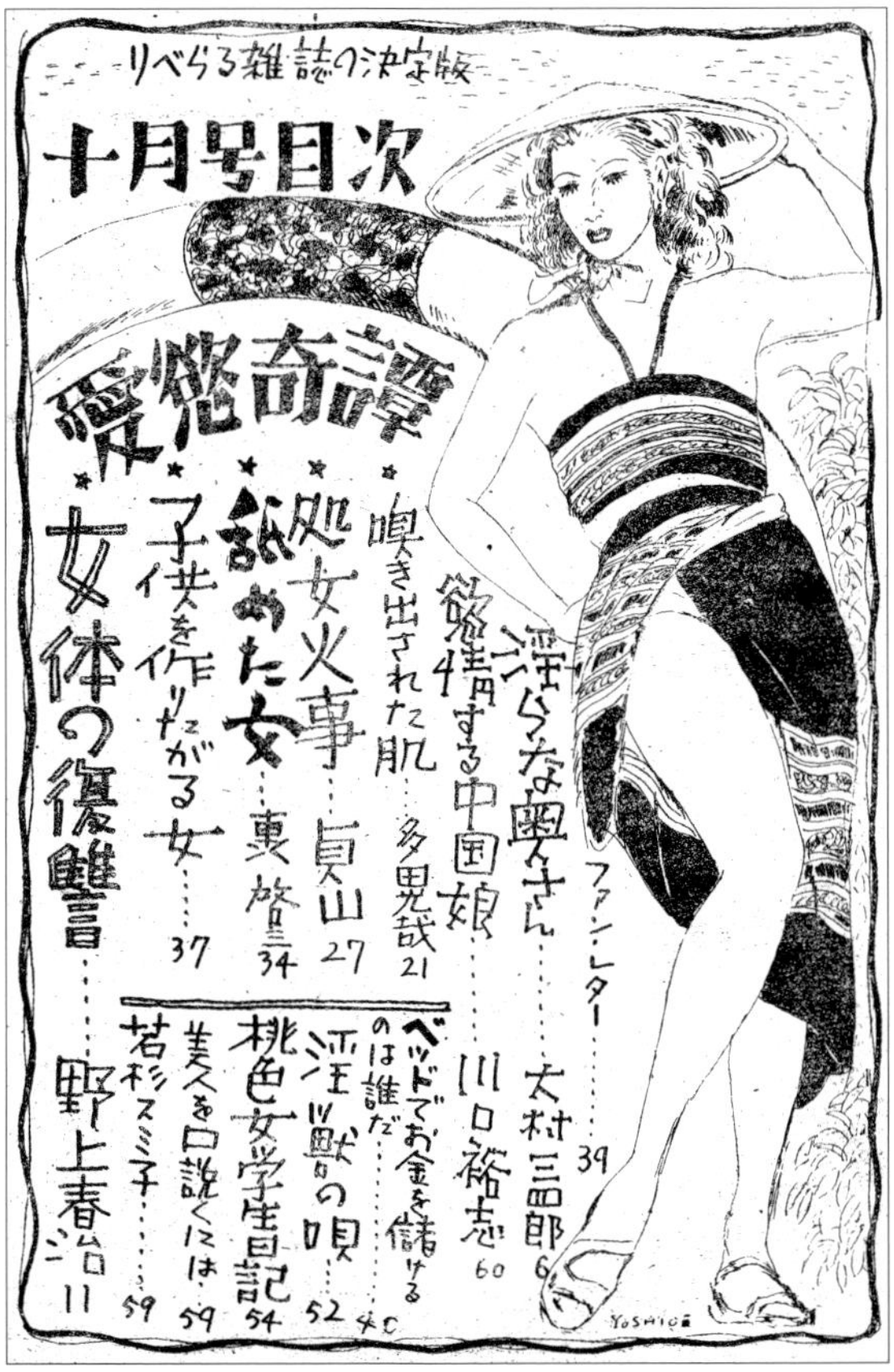

『愛欲奇譚』昭和24年9月（一二七ページ掲載）

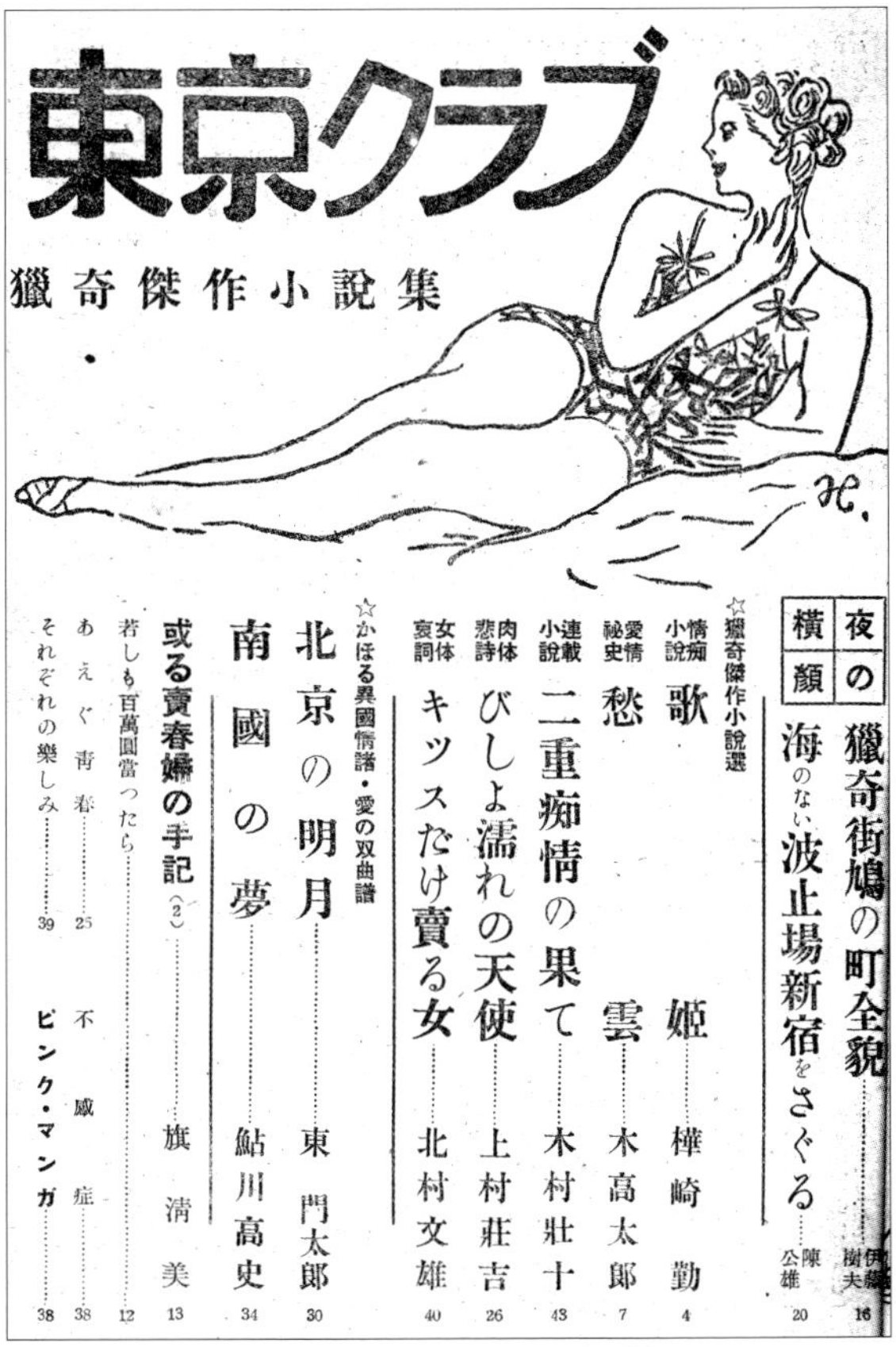

『東京クラブ』昭和24年8月（一二三ページ掲載）
※木村壮十「二重痴情の果て」収録

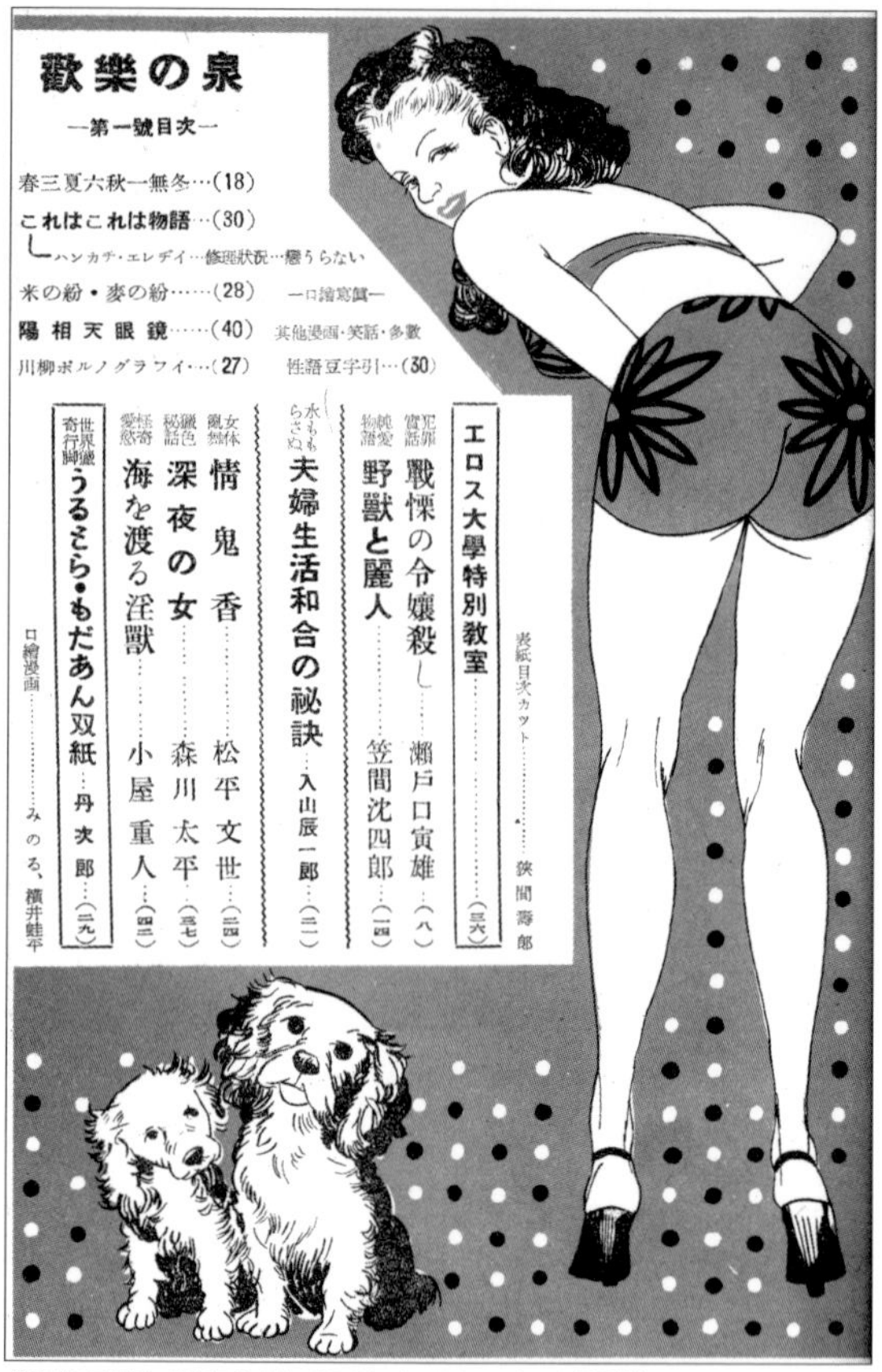
歡樂の泉
—第一號目次—
春三夏六秋一無冬…(18)
これはこれは物語…(30)
ハンカチ・エレデイ…修理狀況…懲りらない
米の紛・麥の紛……(28)
陽相天眼鏡……(40)
川柳ポルノグラフイ…(27)
—口繪寫眞—
其他漫画・笑話・多數
性語豆字引…(30)
エロス大學特別教室……(三六)
犯罪實話 戰慄の令孃殺し……瀬戸口寅雄…(八)
純愛物語 野獸と麗人……笠間沈四郎…(一四)
水ももらさぬ 夫婦生活和合の祕訣…入山辰一郎…(二一)
女体亂舞 情鬼香……松平文世…(二四)
獵色秘話 深夜の女……森川太平…(三七)
怪奇愛慾 海を渡る淫獸……小屋重人…(四三)
世界獵奇行脚 うるさら・もだあん双紙…丹次郎…(二九)
口繪漫画……みのる、横井鮭平
表紙目次カット……狹間壽郎

『歓楽の泉』昭和24年10月（一三二ページ掲載）

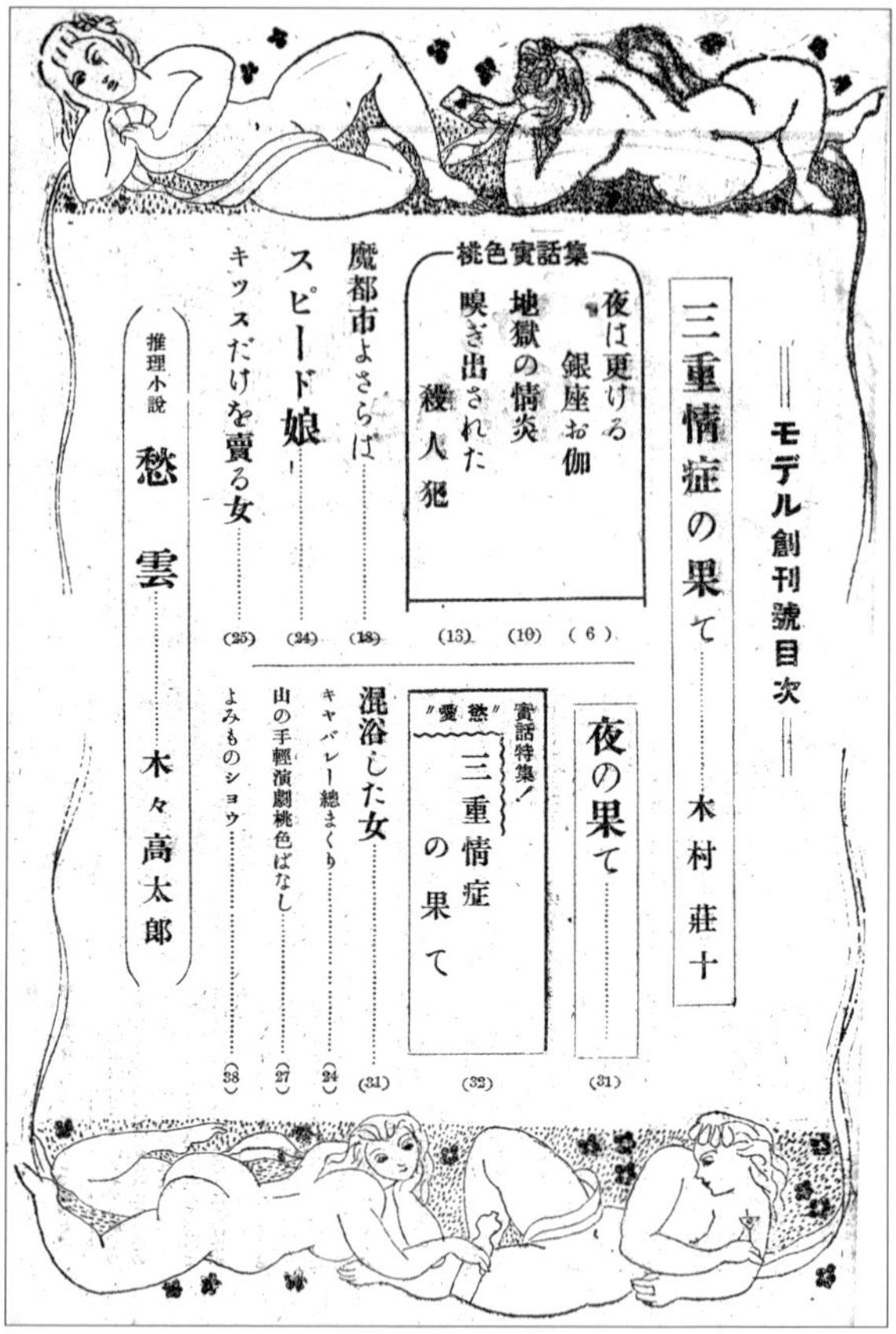
モデル創刊號目次
三重情症の果て……木村莊十
桃色實話集
夜は更ける銀座お伽 (6)
地獄の情炎 (10)
嗅ぎ出された殺人犯 (13)
魔都市よさらば……(18)
スピード娘……(24)
キッスだけを賣る女……(25)
推理小説 愁雲……木々高太郎
夜の果て……(31)
實話特集! "愛慾" 三重情症の果て (32)
混浴した女……(31)
キャバレー總まくり……(24)
山の手輕演劇桃色ばなし……(27)
よみものショウ……(38)

『モデル』昭和24年9月（一三一ページ掲載）
※木村壮十「三重情症の果て」収録

耽奇(春色くれない草紙)目次
口繪 川柳 ひぢりめん
・同性愛悲劇 娘二人の抱合心中…姉田貢 (8)
・禁男の扉をひらく(修道女の生態)波奈川薫 (10)
・色情幻想曲 苦悶する裸像…福田英一 (12)
アパート耽奇館 大人のあそぶページ(一階→五階)♥ (15)
変った話 避姙法あれこれ
肉体の座談会 (22)
・クラシック 桃色犯罪夜話・葉室朴太郎 (15)
◉情痴小説 いのちの火花・梅原郁 (5)
(奥様お秋行状記)阿片心中……庄司浩平 (30)
✱愛慾時代小説 忠直卿の初恋……戸田虎彦 (24)
・珍説糞尿譚……(37)
・新聞紙一枚で出来た 珍説避姙術……水木敏郎 (23)
夢幻小説・牛乳の海を泳ぐ・澄谷準……(44)
炭坑愛慾秘話 仇恋の爆発事件……山鳩恋太朗 (38)
・ユーモア小説 欲情と証文……吉丘垣根 (34)
・時代小説 かかあ盗人……元島英二 (29)
江戸犯罪実話 愛恋のえにし・木暮青史 (50)
✱耽奇コント集
・結婚難時代
・ふみにじられたハンド・バック
・毛深いむすめ
・心中志願者の遺書 田村仙魚 (46)
マンガ 酒井滋・〔楽屋裏奇譚 男女同權秘話〕
TANKI TANKI.TANKI.TANKI.TANKI.TA

『耽奇』昭和24年11月（一四一ページ掲載）

口繪二色マンガ・僕は頭が良い……木股滋 (七)
花束……沢村シロ (一〇)
クラブ 目次
極彩色探訪記 裸のメランコリー……中川英三文 間多氣男画 (三)
讀切小說傑作
情炎純愛 愛情の夜明け…(宮野美晴画)・大庭さち子 (一一)
哀恨情痴 娼婦誕生…(山本和夫画)・柴田錬三郎 (四二)
美女哀詩 妖精の舞…(山本和夫画)・由比俊雄 (五八)
教徒流轉 ボーロ彌次郎…(土屋栄画)・村雨退二郎 (六六)
性生活と相性の關係……醫学博士……堀要 (三四)
ホルモン剤(附媚藥)と性生活……醫学博士……可世木辰夫 (三八)
動物の結婚の生態……東山動物園長・北王英一 (四〇)
新婚夫婦生活読本 妻に戀人の出來た時……醫学博士……渡辺金三郎 (三六)
特集 その時に直面して私はどうしたか 勝太郎他 (三七)

『青春クラブ』昭和24年11月（一三九ページ掲載）
※柴田錬三郎「娼婦誕生」収録

参考文献一覧

■単行本

南龍彦『あかね草紙』（昭和21年、茜書房）

売春対策審議会『売春対策の現況』（昭和34年）

佐々木桔梗『書物誌〈猫目石〉』（昭和38年、プレス ビブリオマーヌ）

斎藤夜居『カストリ考』（昭和39年、此見亭書屋）

斎藤夜居『続・カストリ考』（昭和40年、此見亭書屋）

長谷川卓也『《カストリ文化》考』（昭和44年、三一書房）

山岡明『カストリ雑誌にみる戦後史 戦後青春のある軌跡』（昭和45年、オリオン出版社）

山岡明『庶民の戦後 風俗編 戦後大衆雑誌にみる』（昭和48年、太平出版社）

末永勝介・山岡明「『夫婦生活』終刊まで」『新編 私の昭和史Ⅳ世相をおって』（昭和49年、學藝書林）

『カストリ復刻版』（昭和50年、日本出版社）

山本明『カストリ雑誌研究 シンボルにみる風俗史』（昭和51年7月15日、出版ニュース社）

『艶楽書館』（昭和52年4月1日、みのり書房）

山本明「証言の宝庫＝カストリ雑誌」『戦後闇市興亡史』（昭和53年、草風社）

大野政治『回想の「夫婦生活」』（昭和53年、山脈出版の会）

大本至『雑誌で読む戦後史』（昭和60年、新潮社）

週刊朝日『戦後値段史年表』（平成7年、朝日新聞社）

宇田川岳夫『マンガゾンビ』（平成9年、太田出版）

堀ノ内雅一『阿部定正伝』（平成10年、情報センター出版局）

前坂俊之編『阿部定手記』（平成10年、中央公論社）

若狭邦男『探偵作家発掘雑誌』（平成28年、日本古書通信

澤宮優・平野理恵子『イラストで見る昭和の消えた仕事図鑑』（平成28年、原書房）

■新聞・雑誌

岩泉増吉「戦後の桃色出版ブーム」『風俗科学』（昭和29年7月、第三文庫）

秩父甚次郎「エロ雑誌出版者の記録」『風俗科学』（昭和29年6月、第三文庫）

秩父甚次郎「エロ出版懺悔録」『風俗科学』（昭和29年7月、第三文庫）

「出版界〝情事の終り〟風俗雑誌盛衰十年史」『サンデー毎日』（昭和30年5月15日、毎日新聞社）

若梅信次「阿部定猟奇事件」『文藝春秋』（昭和30年8月、文藝春秋新社）

駒込公平「『夫婦生活』始末記」『文藝春秋』（昭和32年8月、文藝春秋社）

有馬頼義「『りべらる』始末記」『小説中央公論』（昭和38年1月）

北川千代三「カストリ雑誌にむせかえる焼跡青春『H大佐夫人』から『夫婦生活』まで」『サンデー毎日』（昭和50年3月54巻12号、毎日新聞出版）

加藤幸雄「連載・『猟奇』刊行の思い出」『出版ニュース』（昭和51年11月11日11月下旬号～昭和52年5月11日6回連載、出版ニュース社）

加藤幸雄「『カストリ雑誌の旗手』加藤幸雄さんは生きていた!!」『週刊朝日』（昭和52年2月4日、朝日新聞社）

長谷川卓也「カストリ雑誌文化」『歴史公論』（昭和52年12月1日3巻12号、雄山閣出版）

徳田純宏「告別のとき」『サンデー毎日』（昭和53年2月57巻8号、毎日新聞出版） ※北川千代三氏のお悔やみ記事

福島鋳郎「雑誌と社会 雑誌の戦後変遷史（19）性解放とカストリ雑誌（Ⅰ）」『新刊展望』（昭和59年7月、日本出版販売）

福島鋳郎「雑誌と社会 雑誌の戦後変遷史（20）性解放とカストリ雑誌（Ⅱ）」『新刊展望』（昭和59年8月、日本出版販売）

野坂昭如「戦後の幻影の集約『カストリ雑誌』」『週刊読売』（昭和49年8月33巻34号、読売新聞社）

青木正美「カストリ雑誌は生きている 古書店の棚に見る性風俗誌四十年の興亡」『新潮45』（昭和63年1月、新潮社）

片平健統「幼い少年に誘いかけた謎の微笑」『アサヒグラフ』（平成元年8月18日3501号、朝日新聞社）

渡部直巳「占領下大衆社会のストリップティーズ」『アサヒグラフ』（平成元年8月18日3501号、朝日新聞社）

和田博文「カストリ雑誌という装置」『早稲田文学』（平成4年、5年、早稲田文学会 早稲田大学出版部）

出久根達郎・井上章一「昭和の性典『カストリ雑誌』の謎を追う」『文藝春秋』（平成20年2月40巻2号、文藝春秋）

石川巧「占領期カストリ雑誌研究の現在」『インテリジェンス』17号（平成29年、20世紀メディア研究所）

「わいせつ裁判考」『読売新聞』（昭和54年2月7日付朝刊、読売新聞）

いま、なぜカストリ雑誌なのか

はしがきで、カストリ雑誌は忘れ去られた粗悪なエロ雑誌だった、と紹介しました。

そのカストリ雑誌には、猟奇的な事件にまつわるルポや読み物なども多く含んでいることもまた、現代に伝えたいことの一つです。快楽殺人、強姦、近親相姦、阿部定などに代表される死体損壊など。こうして活字にしてみると、禁忌は一層強まるようです。

「エロ」に夢中となるのは、その質と量に違いがあれど、現代人でも理解の範疇にあります。とりわけ戦後は、「肉体文学」の田村泰次郎に代表されるように、肉体の賛美こそが人間性の復興であると叫ばれました。「肉体」が大衆に向けに咀嚼され、カストリ雑誌で「エロ」として露悪的に扱われても、坂口安吾が呼びかけた堕落こそが真実とすれば、（男性目線に過ぎないとはいえ、）カストリ雑誌の持つエロは世相と強烈に共鳴したのでしょう。

一方、先の倒錯はどうなのでしょう。もちろん、こうした倫理的に倒錯した特殊な嗜好を持つ人々、その嗜好を扱うメディアはいつの時代にも存在しますが、カストリ雑誌はあくまで大衆誌であって、特殊誌ではありません。

すなわち、カストリ雑誌が（男性の）大衆に歓迎されていたとすれば、少なくない一般男性がエロだけではなく、倫理的に倒錯した内容に読み耽っていたことになります。

カストリ雑誌を紹介するこれまでの書籍では、倫理的にセンシティブな面に目を瞑り、笑い飛ばせるエロばかりを披露してきたせいか、カストリ雑誌が持つ倒錯性について納得できる説明を私は見たことがありません。いま、私はこう考えています。

原因は戦争体験ではないかと。

戦場で飛び交う銃弾、手榴弾、砲弾。「銃後の守り」といわれた戦場の外にいた人々も命の危険に曝されていたことは同様です。降り注ぐ焼夷弾、艦砲射撃、機銃掃射、放たれる火炎放射。

そこで最も重く、そして最も多く生み出されたもの、それは亡骸でしょう。

こうした悲惨極まりない状況でありながら、同時にその惨状に得も言われぬ快楽を見出してしまった人は存在しなかったのでしょうか――。

戦争が本人の望まない「倒錯」を引きだし、人が死んでいながら悲しむこともできず、むしろ興味本位の好奇心さえ抱いている自分を自覚してしまう。これは想像できないくらい恐ろしい精神状態で、その状況はまさしく異常ですが、その異常さに慣れてしまう習性を人は持っています。

坂口安吾は『戦争と一人の女』（昭和21年発表・無削除版）で登場人物の男の口を借りて、こう語らせます。

「戦争なんて、オモチャじゃないか（中略）俺ばかりじゃないないんだ、どの人間だって、戦争をオモチャにしていたのさ」

同時期の『犯罪公論』（文化公論社、昭和24年、創刊号〈本書未収録〉）には、こうあります。

「取調べに当たって鈴木刑事に向かって、男は『人の肉はうまいもんですョ、ざくろの味どころか、何とも言えない味です』と舌なめずりし、（中略）鈴木刑事はじめ、物事に動じない並いる百戦錬磨の刑事諸君を苦笑せしめたものである」

掲載誌では「実話」と紹介していますが、殺害した恋人の性器を切り取って食人行為を行った男の供述という、カストリ雑誌にありがちな安っぽい読み物で、作り話だと指摘するだけ野暮です。

ここで言いたいことは、読み物の巧拙や真実性ではなく、書き手が、猟奇事件の顛末を犯人から聞く刑事に取らせたリアクションは「混乱」や「恐怖」ではなく、ただの「苦笑」。大衆雑誌の作り手や読み手の意識は、これを受容できる世相だったということです。

本来、望まない倒錯を戦争経験によって引き出され、それを自覚してか無意識にか、猟奇的な記事を多く含むカストリ雑誌に惹かれていく。

敗戦から漸進的に復興の兆しが見え、世相が落ち着きを取り戻しつつある昭和25年前後を境に、やがてカストリ雑誌は飽きられていく。昭和21年10月に創刊された『猟奇』をカストリ雑誌の嚆矢として、カストリ雑誌の寿命はわずか約3年で潰えました。

カストリ雑誌を単純に「性を扱う雑誌」とのみ捉えるならば、（本書「カストリ雑誌の終焉」で触れたように『夫婦生活』のヒットがあったとはいえ、）その短命の理由を上手く説明できません。当然その後も性の需要は途絶えないからです。

「性」であり、かつ一時の「倒錯」であったからこそ、人々の傷が癒えつつある時期に、カストリ雑誌は短い役割を終えたのではないでしょうか（その後の『夫婦生活』が、警察を牽制するのが最大の理由とはいえ、性の器に「夫婦」という日常的で、発展的な関係性を選んだ事実は、どこか示唆的です）。

カストリ雑誌が短命に終わった事実は、雑誌の中身が粗悪どうこうではなく、日本人が短い時間で戦争体験から立ち直ろうとする心を持てた、という顕れではないか。本書をつくり終えるいま、私はこう考えています。

また、カストリ雑誌を振り返る本書を70年経た現代の世へ送り出すことの意味についてもこう考えています。

カストリ雑誌が大衆に歓迎されていた頃、悪酒カストリ焼酎が酒のフリをし、鯨肉が牛肉のフリをし、サッカリンが砂糖のフリをしていた。街娼・パンパンは洋装を身に纏いアメリカ婦人のフリをしていました。

物資不足に喘いでいた戦後は代用品の時代、もっと言えば《ニセモノ》の時代。

しかし《ニセモノ》こそが食欲を始めとした人々のあらゆる欲を充たし、荒んだ気持ちに一時でも潤いをもたらし、その後に発展する原動力となった事実は紛れもありません。

大衆がほんの一時的であれ、カストリ雑誌に飛びついた歴史の一ページは、当時は《ニセモノ》こそが《ホンモノ》と同等の価値を持っていたことを物語っています。

翻って現代について考えてみたいと思います。

私たちの現代には《ホンモノ》が溢れています。安くても質の良い洋服、安くても安全で美味しく栄養価の高い食事、安くても高画質で観る映画。《ホンモノ》が安く手軽に手に入るようになりました。

しかし私たちは今こうして《ホンモノ》に囲まれながら、いまだに幸せとは何か?を問い続けることを止められず、この社会があっという間に崩壊してしまいそうな弱々しさや、将来への閉塞感を感じています。

騙し騙しであっても代用品の《ニセモノ》で充たし、その後に成し遂げた高度経済成長を揺籃した〝戦後〟という時代の証人こそがカストリ雑誌。

70年前の粗悪な雑誌から投げかけられた「求め続けて止まない《ホンモノ》とは何か?」という問いが、今も私たちの心を揺り動かし、私たちはカストリ雑誌に惹かれ続けています。

最後になりましたが、本書に光を当てて下さった三才ブックス・若尾空さん、誰よりも本書の価値を信じて献身的に力添えしてくれた對間じんさん、お二人に御礼申し上げます。ありがとうございました。

２０１９年7月　渡辺豪

Profile

渡辺豪（わたなべ・ごう）
昭和52年、福島県生まれ。
遊廓専門出版社
「カストリ出版」経営。
遊廓関連の稀覯本を復刻。
吉原遊廓跡に遊廓専門書店
「カストリ書房」を構える。
戦後の売春史を研究。
カストリ雑誌約1,000冊所有、
民間のコレクション
としては最大規模。

對間じん（たいま・じん）
昭和52年、東京都生まれ。
編集者、ライター、
プランナー、古書研究家。
本書では、出版に向けての
企画提案から、
章末の「ものがたり」の執筆、
編集方針の相談まで
随所に関わった。

戦《せん》後《ご》のあだ花《ばな》 カストリ雑《ざっ》誌《し》

2019年 9月 5日 発行

著者　渡辺豪

世話人　對間じん

装幀　井上則人デザイン事務所

発行人　塩見正孝

編集人　若尾空

発行所　株式会社三才ブックス
〒101-0041 東京都千代田区神田須田町
2-6-5 OS'85ビル 3F
TEL 03-3255-7995（代表）
FAX 03-5298-3520

郵便振替口座　00130-2-58044

印刷・製本　図書印刷株式会社

本書の制作にあたり著作権継承者を捜索しましたが、見つけることができませんでした。
ご存じの方がおられましたら、小社までご連絡ください。